PESTO e BASTA!

Susann Kreihe

PESTO e BASTA!

Die **150** besten Rezepte
von klassisch bis extravagant

Zu Pasta, Pizza, Fleisch,
Gemüse & Brot

CHRISTIAN

VORWORT

Liebe Leserin, lieber Leser,

als ich einer Freundin von dieser Buchidee berichtet habe, fragte sie mich kopfschüttelnd: »Du willst allen Ernstes 150 Pesto-Rezepte entwickeln?« Dass es Basilikum-Pesto und Tomaten-Pesto gibt, dazu noch einige mit Petersilie und Koriander, das war ihr klar. Ein solches Buch zu füllen war wirklich eine schöne Herausforderung – der ich mich gerne gestellt habe.

Lassen Sie sich von allerlei Kräutern, Nüssen und Kernen, verschiedenen Käsesorten und Trockenfrüchten überraschen. Der Klassiker mit Basilikum darf hier natürlich nicht fehlen und neben zahlreichen weiteren grünen Pestos warten spannende Varianten mit besonderen Aromen der Länderküchen auf Sie, Gewürze spielen eine bedeutende Rolle und nicht zuletzt eröffnet sich mit all den süßen Pestos eine ganz eigene Welt. Außergewöhnliche Texturen und Aromen treffen hier zusammen.

Mit einem Glas Pesto im Kühlschrank sind Sie für zahlreiche Gelegenheiten bestens vorbereitet. Sei es die blitzschnell angerührte Pastasauce, Pesto für ein Salatdressing, zum Marinieren, als Dip, Brotaufstrich oder zum Backen. Lassen Sie sich überraschen, was Sie mit einem guten Pesto alles zubereiten können. Neben 150 Pestos finden Sie in diesem Buch 32 Rezeptideen, in denen sie verwendet werden.

Viel Freude wünsche ich Ihnen beim Eintauchen in eine Welt der Kräuter, Nüsse, Öle und Gewürze.

Susann Kreihe

Ihre Susann Kreihe

INHALT

PESTO E BASTA 9

Pesto – Die grüne Paste mit Geschichte 11

Die Zutaten 12

Die Zubereitung – Mörser oder Küchenmaschine 16

Aufbewahren und haltbar machen 17

Pesto alla genovese – Grundrezept für Basilikum-Pesto 18

HERZHAFTE PESTOS 21

Kräuter, Blüten und noch mehr Grünzeug 23

Gemüse 65

Gewürze 91

Aus aller Welt 111

Fruchtiges 125

Außergewöhnliches 163

SÜSSE PESTOS 187

Register 216

Über die Autorin / Dank 222

PESTO E BASTA

PESTO – DIE GRÜNE PASTE MIT GESCHICHTE

Der Name »Pesto« stammt, wie die allseits bekannte Zubereitung, aus dem Italienischen. »Pestare« heißt »zerstampfen«. Somit ist schon einmal die grundsätzliche Art der Zubereitung geklärt, auch wenn sie uns heute nicht unbedingt geläufig ist.

Das Original »Pesto genovese« stammt aus Ligurien. Das »Consortio del Pesto Genovese« (Konsortium Genueser Pesto) beschreibt genau, wie es herzustellen ist. Die geschützte Bezeichnung steht dem Pesto zu, das mit Genueser Basilikum DOP, nativem Olivenöl extra, Parmigiano Reggiano DOP (oder Grana Padano), sardischem Pecorino DOP, Pinienkernen, Knoblauch und Salz zubereitet wird. Alle anderen Basilikum-Knoblauch-Parmesan-Pinienkern-Öl-Mischungen heißen dann »Pesto alla genovese« oder auch schlicht Basilikum-Pesto.

Eine Rezeptniederschrift aus dem Jahre 1863 von Giovanni Battista Ratto beschreibt die Zubereitung wie folgt:

»Man nimmt eine Knoblauchzehe, Basilikum (falls nicht vorhanden: Majoran und Petersilie), geriebenen holländischen Käse und Parmesan sowie Pinienkerne und zerreibt alles zusammen mit wenig Butter in einem Mörser, bis ein Brei entstanden ist. Diesen vermischt man anschließend mit reichlich Olivenöl. Mit dieser Mischung werden Lasagne und Gnocchi (Troffie) angerichtet, wobei man etwas heißes, ungesalzenes Wasser dazugibt, um die Mischung flüssiger zu machen.« (Giovanni Battista Ratto: La cuciniera genovese ossia la vera maniera di cucinare alla genovese).

Wo genau der Ursprung dieser kalten Kräutersauce liegt, ist nicht belegt. Auch in anderen Ländern sind ungekochte Kräutersaucen beliebt und bekannt. Hierzu zählen das französische Pistou, unsere Frankfurter Grüne Soß' oder Chimichurri aus Südamerika. Der Genuss von frischen, würzigen, leicht säuerlichen Kräutermischungen steht schon seit Jahrhunderten auf den Speisekarten vieler Nationen.

DIE ZUTATEN

Die klassischen sieben Zutaten im Pesto Basilikum, Knoblauch, Pinienkerne, Olivenöl, Parmesan, Pecorino und Salz lassen sich ganz einfach austauschen. Was dabei wichtig ist und wie man zur perfekten Konsistenz gelangt, verrate ich Ihnen auf den nächsten Seiten.

DIE BASIS: BASILIKUM UND CO.

Basilikum ist mit seinem unvergleichlichen Aroma und den dicken saftigen Blättern besonders gut für eine Kräuterpaste geeignet. Es gibt jedoch noch zahlreiche andere Kräuter, grüne Blätter und Blüten, denen diese Attribute zugesprochen werden können. Und genau deswegen verwende ich sie unter anderem im ersten Kapitel »Kräuter, Blüten und noch mehr Grünzeug«. Das funktioniert solo oder als Mischung.

Optimal sind hierfür saftige Kräuter. Dazu zählen Petersilie, Schnittlauch, Kerbel, Koriander und Minze. Schnittlauch enthält Senföle und wird daher beim Zerstampfen bzw. Mixen intensiv scharf. Ein wesentlich milderes Aroma entsteht, wenn der Schnittlauch fein geschnitten untergerührt wird. So gibt er neben seinem würzigen Aroma zusätzlich eine schöne Textur.

Thymian und Rosmarin besitzen sehr intensive Aromen, weshalb sie als würzende Beigabe in die Pasten kommen. Kleine Mengen reichen aus, um einen ausgewogenen Geschmack zu erzielen. Bei Salbei verhält es sich ähnlich. Da ich das Aroma sehr schätze und ihn dennoch einsetzen wollte, röste ich ihn in einigen Rezepten in etwas Öl an und verwende anschließend die abgekühlte Salbei-Öl-Mischung.

Kommen Spinat, Rucola, Radieschenblätter, Feldsalat oder Grünkohl als Basis in ein Pesto, entstehen sehr würzige Kräuterpasten. Spinat und Feldsalat sind zart und enthalten viel Wasser, weshalb diese Pestos extra cremig werden. Grünkohl hingegen ergibt eine würzige, erdige Mischung. Radieschenblätter oder Karottengrün bitte immer in Bio-Qualität verwenden, da die wasserführenden Teile einer Pflanze auch die Schadstoffe aus dem Boden enthalten und anlagern können. Solche grünen Pflanzenteile geben besonders intensive und würzige Pestos, die mit milderen Nusssorten und Mandeln optimal harmonieren.

Blüten und Kresse, mit ihren zarten Strukturen, sollten mit viel Liebe und sehr behutsam behandelt werden. Im besten Fall nur ausschütteln und verlesen, nicht waschen. Bitte ebenfalls auf Bio-Qualität, also »essbar«, achten. Wer kann, baut sie auf dem Balkon oder im Garten selber an. Gerade Kapuzinerkresse (siehe Bild Seite 13) ist eine dankbare Gewürzblüte, da sie üppig blüht und unkompliziert ist. Ihre leichte Schärfe gibt dem Pesto eine ganz eigene Note.

Im Frühling sprießen überall in der Natur Wildkräuter. Brennnessel, Giersch, Sauerampfer, Bärlauch oder Löwenzahn sind frisch ausgetrieben mild-würzig und zart. Je länger sie wachsen, umso mehr Bitterstoffe lagern sie an, schmecken herber und die Blätter werden faserig. Bitte auch hier nur in Gebieten sammeln, die nicht an viel befahrenen Straßen liegen, Hundewiesen und gedüngte Flächen meiden. Sammeln Sie bitte nur, was Sie verbrauchen können, Natur und Tiere danken es Ihnen. Und natürlich auch nur solche Pflanzen, die Sie genau kennen.

Gemüse in Pestos zu verarbeiten erweitert die Möglichkeiten für spannende Aromen um ein Vielfaches. Suppengemüse, Mangold, Fenchel (und -grün), Kürbis, Auberginen, Zucchini, Brokkoli, Rosenkohl oder Rote Bete – hier gibt es kaum Grenzen. Zerkleinert wird bei den Gemüse-Pestos immer in der Küchenmaschine, da sich etwa Kürbis oder Rosenkohl im Mörser nicht so fein zerstampfen lassen.

KNOBLAUCH

Man liebt ihn oder hasst ihn, beides ist absolut berechtigt. Im klassischen Pesto und vielen seiner Variationen hat er jedoch einen nicht unerheblichen Anteil am Aroma. Nichtsdestotrotz lässt sich jedes Pesto auch ohne ihn zubereiten.

PINIENKERNE UND CO.

Pinienkerne besitzen eine feine, süßliche, nussige Note und enthalten viel Fett. Nicht nur einmal sind mir Pinienkerne in der Pfanne beim Anrösten verbrannt, weil ich zwischendurch noch schnell etwas erledigen wollte. Geht es Ihnen manchmal ebenso? Meine Empfehlung: Betrachten Sie das Anrösten als Meditation. Einfach am Herd stehen bleiben. Sanft an der Pfanne rütteln und still beobachten. Die Kerne sind teuer, es lohnt sich also doppelt. Etwas weniger »Bewusstsein« braucht es beim Rösten im Backofen. Darin bräunen nicht nur Pinienkerne optimal. Jedoch ist die zu röstende Menge einer Rezeptur oftmals so gering, dass sich dafür das Aufheizen des Backofens nun wirklich nicht lohnt. Also besser meditieren, oder die Kerne und Nüsse gleich mit in den Backofen schieben, wenn er gerade heiß ist.

Je nachdem, ob man das Pesto im Mörser oder mit dem Stabmixer zubereitet, ändert sich auch die Konsistenz der Kräuterpaste. Im Mörser zerreiben die Kerne und Nüsse ungleichmäßig, es bleiben kleinere und größere Stückchen, das ergibt eine spannende Textur. Entsteht das Pesto in der Küchenmaschine oder mit dem Stabmixer, wird das Pesto hell-cremig und deutlich glatter. Ist es im Anschluss zu dick, mit etwas Olivenöl verflüssigen. Einige Kerne, etwa die der Sonnenblume, sind gehackt besser im Pesto aufgehoben als zerstoßen.

OLIVENÖL UND CO.

An dieser Stelle will ich noch einmal die Qualität der einzelnen Produkte in den Fokus stellen. Bei einer so einfachen Zubereitung steht und fällt der Geschmack mit qualitativ hochwertigen Grundprodukten. Da rangiert das Olivenöl bei der Aufzählung ganz weit oben. Jedoch ist es nicht immer einfach, das passende Öl zu finden. Olivenöl, von mild über fruchtig bis intensiv-bitter, kann jede Geschmacksnuance hervorbringen. Durch das Mixen bzw. Mörsern können vor allem die Bitterstoffe im fertigen Pesto dominant sein. Wer da empfindlich ist, sollte auf milde und fruchtige Öle zurückgreifen. Alternativ können Sie auch beim Zerkleinern zunächst ein Rapsöl verwenden und zuletzt einen Schuss Olivenöl unterrühren. Nussöle oder aromatisierte Öle geben einem Pesto zusätzlich Geschmack und verfeinern es. Auch hier gilt, behutsam bei hohen Umdrehungen in der Küchenmaschine sein, sie können die Aromen durch die entstehende Hitze verandern.

PARMESAN UND CO.

Die meisten Hartkäsesorten, wozu auch Parmesan zählt, lagern zwischen 3 Monaten und bis zu 3 Jahren. Der Käsebruch wird in reiskorngroße Würfel zerschnitten, weshalb viel Molke ablaufen kann. Daher auch die harte, zum Teil bröckelige Struktur der Käselaibe. Parmigiano stammt aus Italien und wird aus Kuhmilch hergestellt. Er ist ideal zum Reiben, seine Umami-Würze hat einen erheblichen Anteil am Geschmacksbild eines Pestos.
Im Original aus Genua wird eine Mischung auf Parmesan und Pecorino bevorzugt. Grana Padano, dem Parmesan am ähnlichsten, Comté, Manchego, Cheddar, Appenzeller oder Bergkäse sind nur einige weitere Vertreter. Es lohnt sich, mit diesen Sorten zu experimentieren. Einer meiner Lieblinge ist Tête de Moine, Mönchskopfkäse, der mit einem speziellen Hobel (»Girolle«) zu wunderschönen Rosetten gedreht wird. Wer ein solches Gerät nicht sein Eigen nennt, fragt am besten an der Käsetheke frisch gehobelt nach den Rosetten. Als Halbhartkäse sind die Rosetten auch cremiger und weicher als etwas Parmesan. Je länger er reift, umso kompakter und fester wird er.

TROCKENFRÜCHTE UND GEWÜRZE

Beides gehört traditionell nicht in ein Pesto. Dennoch sind solche Zutaten hervorragend für diese Art der Zubereitung geeignet. Vor allem im Kapitel »Süße Pestos« und »Gewürze« haben Trockenfrüchte und Gewürze ihren Platz gefunden. Sowohl in ihrer Konsistens, als auch geschmacklich unterscheiden sich die Ergebnisse von der des ursprünglichen »Pesto genovese«. Jedoch eröffnen sie uns eine ganz eigene Welt der Würzpasten. Ganz sicher haben Sie schon einmal von einem Minz-Pesto gehört. Unheimlich fein.
Da aber außer Minze und Zitronenmelisse nicht wirklich viele Kräuter für die süße Zubereitung geeignet sind, kommen anstelle derer unter anderem Trockenfrüchte, Tees, Gewürze und Kaffee auf die Zutatenliste.

DIE ZUBEREITUNG – MÖRSER ODER KÜCHENMASCHINE?

Beim »pestare«, also »zerstampfen«, wie es die Italiener traditionell tun, ist ordentlich Muskelkraft gefragt und vor allem ein wirklich guter Mörser mit rauer Oberfläche. Hier eignen sich Marmor, Gusseisen oder Granit besonders gut. Zudem sollte der Mörser groß genug sein, sonst quellen die Zutaten beim Zerstoßen über den Rand.

Sollten Sie die Gelegenheit haben, Pesto zu mörsern, tun Sie es bitte. Es ist anstrengend, weil ungewohnt, doch das fertige Pesto unterscheidet sich durchaus von den gemixten Varianten. Zwischen einigen größeren und kleineren Pinienkern- und Parmesanstücken kommen Basilikumblättchen in ebenso unterschiedlichen Größen zutage. Sehr individuell und ausgesprochen lecker. Nichtsdestotrotz sind viele von uns technikaffin und bedienen sich zu Recht elektrischer Geräte, ich tue das ebenfalls gern. So sind viele Rezepte im Mixbecher und im Multizerkleinerer zuzubereiten. Wie so oft gilt auch hier: alles darf, nichts muss.

Zur Konsistenz noch ein paar Worte: Gemixtes Pesto ist wesentlich cremiger und wird eher hellgrün bis weiß-grün. Das Schneidmesser zerkleinert die Nüsse, je nach Gerät, sehr fein, sodass Sie bei Bedarf mit etwas mehr Öl oder auch einem Schuss Flüssigkeit das Pesto verdünnen können. Je feiner die Nüsse und Kerne vermahlen werden, umso mehr binden sie das Pesto. Perfekt als Aufstrich oder Füllung für Brotteige, Teigtaschen oder zum Bestreichen von Fisch und Fleisch.

Verwenden Sie, was in der eigenen Küche vorhanden ist. Beim Stabmixer wählen Sie am besten ein schmales, hohes Gefäß. Dadurch steigt das Öl nach oben und das Messer des Stabmixers kann alle Zutaten gut greifen und zerkleinern. Die Küchenmaschinen haben unterschiedlich große Behälter. Besonders kleine Geräte wie die gute alte »Moulinette« und Co., sind für die im Buch enthaltenen Zubereitungen ausgerichtet. Bei größeren Behältern, wie Blender (Standmixer) oder Hochleistungsmixer ist es zum Teil notwendig, dass Sie die Mengen der Rezepte gegebenenfalls verdoppeln oder verdreifachen, damit die Messer die Zutaten greifen können und zerkleinern. Sonst laufen sie leer und drehen im wahrsten Sinne durch.

AUFBEWAHREN UND HALTBAR MACHEN

Füllen Sie das fertige Pesto in ein sauberes, am besten sterilisiertes Schraubglas und streichen es glatt. Im Kühlschrank aufbewahrt, sollten Pestos innerhalb 1–2 Wochen aufgebraucht werden. Achten Sie sowohl bei der Zubereitung als auch beim Abfüllen in die Gläser und den Arbeitsgeräten auf Sauberkeit und Hygiene. Das verhindert vorzeitiges Verderben. Sollten Sie dennoch Schimmel im Pesto finden, werfen Sie es weg. Bei den süßen Pestos mit Trockenfrüchten und Nüssen setzt sich das Öl meist von selbst oben ab, dann ist kein zusätzliches Öl nötig. Sie sind deutlich länger haltbar, da ihre Grundprodukte an sich eine längere Haltbarkeit haben.

Neben dem Aufbewahren im Kühlschrank lässt sich Pesto auch sehr gut einfrieren. Entweder portioniert in Eiswürfelbehältern oder flach gestrichen in Gefrierbeuteln. Die so eingefrorene Paste können Sie dann stückweise abbrechen und verwenden. Auch Gläser mit geradem Rand (sie dürfen sich nicht verjüngen) sind gut geeignet, ebenso wie Gefrierdosen. Beim Einfrieren in Gläsern den Deckel zunächst locker auflegen, erst festdrehen, wenn der Inhalt durchgefroren ist.

TIPP

Bei Zubereitungen mit Kräutern die Oberfläche mit einem dünnen Ölfilm bedecken. Das Pesto hält so besser die Farbe und das Aroma wird geschützt.

PESTO ALLA GENOVESE – GRUNDREZEPT FÜR BASILIKUM-PESTO

Für 1 Glas à 300 ml

30 g Pinienkerne
1 Knoblauchzehe
2 Töpfe oder 2 Bund Basilikum
100 ml Olivenöl
Salz
Parmesan (etwa 50 g)

Die Pinienkerne anrösten.

Zum gleichmäßigen Anrösten der Pinienkerne am besten den Backofen verwenden. Im vorgeheizten Backofen bei 175 °C Ober-/Unterhitze flach in einer ofenfesten Form verteilt auf dem mittleren Einschub rösten. Da die Temperatur von allen Seiten gleichmäßig abstrahlt, rösten die Pinienkerne optimal. Den Vorgang, der nur wenige Minuten dauert, unbedingt im Auge behalten, da sie schnell zu dunkel werden. Beim Rösten in der Pfanne nur mittlere Temperatur verwenden, für ein gleichmäßiges Ergebnis. Dabei immer wieder an der Pfanne rütteln, damit sich die Kerne drehen. Anschließend umfüllen und abkühlen lassen.

Den Knoblauch abziehen. Das Basilikum waschen, trockentupfen und die Blätter abzupfen.

Das Basilikum zusammen mit den Pinienkernen und dem Knoblauch in einem großen Mörser zerstoßen und zerkleinern.

Damit sich alle Zutaten gut zerkleinern lassen, verwenden Sie einen ausreichend großen Mörser. Zudem gelingt das »Zerstampfen« nur, wenn die Innenseite des Mörsers rau ist. Glatte Oberflächen erzeugen nicht genügend Reibung.

Etwa 75 ml Olivenöl und etwas Salz zugeben. Den Parmesan dazureiben und alles vermischen. Das Pesto in ein sauberes Schraubglas füllen und das übrige Olivenöl zum Versiegeln auf die Oberfläche geben. Gekühlt ist das Pesto etwa 1 Woche haltbar.

Die Konsistenz des Pestos kann ganz leicht durch die Menge an Öl und Parmesan variiert werden. Das perfekte Pesto ist cremig und dickflüssig. Je nach Verwendung kann es durch mehr Parmesan streichfähiger werden. Zusätzliches Olivenöl verflüssigt das Pesto.

Kein Mörser? Kein Problem!

Auch wenn die Originalzubereitung im Mörser vorgenommen wird – wie das die Wortbedeutung italienisch »pestare« = »zerstampfen« erkennen lässt –, ist ein Pesto ebenso gut mit dem Stabmixer oder in der Küchenmaschine herzustellen. In einem hohen Gefäß Basilikum, Pinienkerne und Knoblauch mit 2–3 EL Wasser pürieren. Anschließend etwas weniger Olivenöl, geriebenen Parmesan und Salz zugeben und verrühren. Durch das Wasser entsteht eine cremige, samtige Konsistenz und es kann etwas weniger Olivenöl verwendet werden.

HERZHAFTE PESTOS

KRÄUTER, BLÜTEN UND NOCH MEHR GRÜNZEUG

BLÜTEN-PESTO

Für 1 Glas à 220 ml

25 g Walnusskerne
2 Bund Kerbel (ca. 30 g)
½ unbehandelte Zitrone
50–75 ml Rapsöl
Salz, Pfeffer
6–8 essbare Blüten (z. B. Gänseblumen, Butterblumen, Kornblumen, Rosen)

Die Walnusskerne grob hacken, in einer Pfanne kurz anrösten, bis sie zu duften beginnen, und abkühlen lassen. Den Kerbel waschen, trockentupfen, die Blätter grob hacken und die Stiele fein schneiden. Die Zitrone heiß waschen, trockentupfen und die Schale abreiben.

Die Walnüsse mit dem Kerbel, der Zitronenschale und einem Spritzer Zitronensaft im Mörser zu einer Paste zerkleinern. Das Öl nach und nach zugeben und untermischen. Das Pesto mit Salz und Pfeffer würzen. Zuletzt die Blüten verlesen und nach Insekten absuchen. Kurz abbrausen und trockentupfen. Die Blütenblätter abzupfen und unter das Pesto rühren.

Das fertige Pesto in ein sauberes Glas füllen, und im Kühlschrank aufbewahren. Innerhalb von 2–3 Tagen verbrauchen.

TIPP

Alternativ zu den frischen Blütenblättern etwa 1 EL getrocknete Blütenmischung verwenden.

Info

Essbare Blüten gibt es entweder im Lebensmittelhandel oder eigenen Garten, immer in »Bio-Qualität«. Am besten im Frühjahr auf der Fensterbank ziehen und bei milden Temperaturen auf Balkon oder Terrasse stellen. Beim Selbersammeln bitte nur auf naturbelassenen Wiesen suchen, die frei von Spritzmitteln oder Kuhdung sind. Ausschließlich Blüten verwenden, von denen Sie sicher wissen, dass sie essbar sind.

SERVIEREMPFEHLUNG

Passt zu Gerichten mit Ziegenfrischkäse und Honig, als Topping für Crostini, gegrilltem oder gebratenem Fisch und Geflügel, zu würzigen Käsesorten.

CREMIGES WILDKRÄUTER-PESTO

Für 1 Glas à 250 ml

30 g gehackte Mandelkerne
½ unbehandelte Zitrone
70 g gemischte Wildkräuter (z. B. Giersch, Knoblauchsrauke, Wiesenschaumkraut, Sauerampfer)
50 ml mildes Olivenöl
Salz
frisch gemahlener Pfeffer
2 EL frisch geriebener Parmesan

Die Mandeln in einer Pfanne ohne Fettzugabe anrösten und abkühlen lassen. Die Zitrone heiß waschen, trockentupfen und die Schale abreiben. Die Wildkräuter verlesen, abbrausen und trockentupfen. Die Blätter abzupfen und mit den Mandeln, dem Zitronenabrieb, etwa 30 ml Wasser und dem Olivenöl in einem hohen Gefäß pürieren. Mit Salz und Pfeffer würzen, dann den Parmesan unterrühren.

Das fertige Pesto in ein sauberes Schraubglas füllen, im Kühlschrank aufbewahren und innerhalb von 1 Woche verbrauchen.

Info
Wildkräuter sammeln Sie am besten im Frühjahr, da sind die Kräuter jung, zart und aromatisch. Sammeln Sie nur, was Sie genau kennen, und nur die Menge, die Sie wirklich brauchen – zum Schutz der Tier- und Pflanzenwelt. Auch im Handel werden zeitweise Wildkräuter-Salatmischungen angeboten. Sie enthalten viele würzige Sorten, die sich ebenso für dieses Pesto bestens eignen.

SERVIEREMPFEHLUNG

Passt zu Eierspeisen, wie gekochten, gebratenen oder pochierten Eiern oder Spiegelei. Zu gedämpftem oder gebratenem Spargel und Fischgerichten, ebenso als Aufstrich oder als Dressing (mit etwas Zitronensaft verrührt).

WÜRZIGES PETERSILIEN-PESTO

Für 1 Glas à 250 ml

30 g geschälte Haselnusskerne
1 Bund krause Petersilie (ca. 50 g)
½ TL Szechuanpfeffer
70 ml neutrales Pflanzenöl
1 EL Haselnussöl
1 Röschen Tête de Moine (ca. 15 g; Käsesorte)
Salz
1 TL frisch gepresster Zitronensaft

Die Haselnüsse grob hacken und in einer Pfanne ohne Fettzugabe anrösten. Zum Abkühlen beiseitestellen. Die Petersilie waschen, trockentupfen und die Blätter abzupfen. Die Stiele fein schneiden. Kräuter und Stiele, Haselnüsse und Szechuanpfeffer im Mörser zerkleinern. Beide Pflanzenöle und den Tête de Moine untermengen. Das Pesto zuletzt mit Salz und Zitronensaft würzen.

Das fertige Pesto in ein Schraubglas füllen und im Kühlschrank aufbewahren. Innerhalb von 1 Woche verbrauchen.

SERVIEREMPFEHLUNG

Passt zu gegrilltem oder geschmortem dunklem Fleisch, wie Rind, Lamm oder Wild. Dazu das Grillfleisch nach der Zubereitung mit dem Pesto bestreichen oder zum Anrichten als Dip servieren. Auch Wurzelgemüse, wie Rote Bete, Karotte, Sellerie, und Gerichte mit Pilzen können mit dem Pesto verfeinert werden. Fertig gegartes Risotto mit etwas Pesto beträufeln.

PASTA MIT WÜRZIGEM PETERSILIEN-PESTO

Für 4 Personen
Zubereitungszeit: 20 Minuten

500 g Spaghetti
Salz
1 Glas würziges Petersilien-Pesto (250 ml)
ca. 50 g Tête de Moine, in Röschen (Käsesorte)

Die Spaghetti in reichlich kochendem Salzwasser al dente garen. Kurz vor dem Abseihen eine Kelle Nudelwasser abnehmen und beiseitestellen. Die Spaghetti abgießen, mit Pesto und heißem Nudelwasser vermengen. Die Pasta in tiefen Tellern anrichten und mit dem Tête de Moine garnieren.

KAROTTENGRÜN-PESTO

Für 1 Glas à 250 ml

40 g Walnusskerne
Karottengrün von 3–4 Karotten
(ca. 70 g; unbedingt Bio-Qualität)
1 kleine Knoblauchzehe
60 ml mildes Olivenöl
2–3 EL frisch geriebener Pecorino
Salz
Cayennepfeffer

Die Walnusskerne grob hacken, in einer Pfanne anrösten und abkühlen lassen. Das Karottengrün waschen, trockentupfen und grob hacken. Den Knoblauch abziehen. Das Karottengrün mit den Walnusskernen, Knoblauch, 2–3 EL Wasser und dem Öl in einem hohen Gefäß pürieren. Den Pecorino unterheben. Das Pesto mit Salz und 1 Prise Cayennepfeffer würzen.

Das fertige Pesto in ein sauberes Schraubglas füllen, im Kühlschrank aufbewahren und innerhalb von 3–4 Tagen verbrauchen.

SERVIEREMPFEHLUNG

Passt zu Eierspeisen, als Aufstrich für Brot und Crostini, zum Marinieren von Rohkostsalaten und als schnelle Pastasauce. Dafür mit einer Kelle heißem Nudelwasser unter die fertig gekochte Pasta mischen.

RUCOLA-RAUCHMANDEL-PESTO

Für 1 Glas à 250 ml

75 g Rucola
1 Knoblauchzehe
40 g gesalzene Rauchmandelkerne
½ unbehandelte Orange
2–3 EL frisch geriebener Provolone
80 ml mildes Olivenöl
Salz
frisch gemahlener Pfeffer

Den Rucola waschen, trockentupfen und grob zerzupfen. Den Knoblauch abziehen und mit dem Rucola und den Rauchmandeln im Mörser zerkleinern.

Die Orange waschen, trockentupfen und zwei breite Schalenstreifen abziehen. Diese fein hacken und mit dem Provolone und Olivenöl unter das Pesto mischen. Mit wenig Salz und Pfeffer würzen

Das fertige Pesto in ein sauberes Schraubglas füllen und im Kühlschrank aufbewahren. Innerhalb von 1 Woche verbrauchen.

SERVIEREMPFEHLUNG

Passt zu Tomatensalat, kaltem Bratenaufschnitt (wie rosa gebratenem Roastbeef), als Pastasauce mit einer Kelle Nudelwasser vermischt oder als Brotaufstrich. Auch Frischkäse oder Quarkaufstrich kann mit diesem Pesto verfeinert werden.

CREMIGES SPINAT-PESTO

Für 1 Glas à 220 ml

30 g Sonnenblumenkerne
1 Handvoll junger Spinat (ca. 50 g)
1 kleine Knoblauchzehe
60 ml mildes Olivenöl
2 EL frisch geriebener Gruyère
Salz
frisch gemahlener Pfeffer

Die Sonnenblumenkerne in einer Pfanne ohne Fettzugabe anrösten und abkühlen lassen. Den Spinat waschen und trockentupfen. Den Knoblauch abziehen. Spinat, Knoblauch und Olivenöl in einem hohen Gefäß pürieren.

Die Sonnenblumenkerne klein hacken und mit dem Gruyère unter das Pesto heben. Mit Salz und Pfeffer würzen.

Das fertige Pesto in ein sauberes Schraubglas füllen und im Kühlschrank aufbewahren. Innerhalb von 1 Woche verbrauchen.

SERVIEREMPFEHLUNG

Passt zu Pastagerichten und Risotto. Dafür mit einer Kelle Nudelwasser unter die gegarte Pasta mischen oder in das fertig gegarte Risotto einrühren. Für Eierspeisen, wie gekochte, pochierte oder Rühreier, sowie als Aufstrich für Brote und Crostini. Zu Spargel, Geflügel- oder Fischgerichten.

KÜRBIS-LINSEN-SALAT MIT CREMIGEM SPINAT-PESTO

Für 4 Personen
Zubereitungszeit: 35 Minuten

200 g Belugalinsen
½ Hokkaido-Kürbis
3–4 EL Olivenöl
2 EL Sonnenblumenkerne
Salz
frisch gemahlener Pfeffer
1 rote Zwiebel
1 Apfel
1 Glas cremiges Spinat-Pesto (220 ml)
Saft von ½ Zitrone
1 kleine Handvoll junge Spinatblätter

Die Linsen in einem Sieb abspülen und mit 600 ml Wasser in einem Topf zum Kochen bringen. Abgedeckt bei niedriger Temperatur in 20–25 Minuten weich garen.

Inzwischen den Kürbis waschen, entkernen und würfeln. In einer Pfanne im heißen Olivenöl 5 Minuten unter Wenden anbraten. Zuletzt die Sonnenblumenkerne zugeben, kurz anrösten und alles mit Salz und Pfeffer würzen.

Die Zwiebel abziehen, den Apfel waschen, entkernen und beides in Streifen schneiden. Die Linsen abgießen, etwas abkühlen lassen und mit Kürbis, Zwiebel und Apfel in eine Schüssel geben. 3 EL Pesto und den Zitronensaft zugeben und vermischen.

Den Spinat waschen und trockentupfen. Den Salat anrichten, Spinatblätter und das übrige Pesto daraufgeben und servieren.

BRENNNESSEL-PESTO

Für 1 Glas à 250 ml

½ TL Anissamen
50 g Sonnenblumenkerne
2 Handvoll Brennnesseln (ca. 75 g)
75 ml neutrales Pflanzenöl
2 EL frisch geriebener Pecorino
Salz
frisch gemahlener Pfeffer

Die Anissamen mit den Sonnenblumenkernen in einer Pfanne ohne Fettzugabe anrösten. Nach dem Abkühlen klein hacken.

Die Brennnesseln abbrausen und trockentupfen. Anschließend mit dem Pflanzenöl und 3 EL Wasser in ein hohes Gefäß geben und pürieren. Die Sonnenblumenkern-Anis-Mischung und den Pecorino unterheben. Zuletzt mit Salz und Pfeffer würzen.

Das fertige Pesto in ein sauberes Schraubglas füllen, im Kühlschrank aufbewahren und innerhalb von 4–5 Tagen verbrauchen.

SERVIEREMPFEHLUNG

Passt zu gegrilltem, gebratenem oder gedämpftem Fisch und Geflügel. Zu milden Frisch- oder Weichkäsesorten.

FEIN-SÄUERLICHES KERBEL-PESTO

Für 1 Glas à 150 ml

2 Bund Kerbel (insgesamt ca. 30 g)
40 g Pistazienkerne
1 TL Sumach (orientalisches Gewürz)
1 Stück Langer Pfeffer (Stangenpfeffer)
50 ml Olivenöl
Salz
Saft von 1 Zitronenspalte

Den Kerbel waschen, trockentupfen, Blätter und Stiele klein schneiden. Die Pistazienkerne mit dem Sumach und dem Langen Pfeffer im Mörser fein zerstoßen. Das Olivenöl und den Kerbel unterrühren. Zuletzt mit Salz und dem Zitronensaft würzen.

Das fertige Pesto in ein sauberes Schraubglas füllen und im Kühlschrank aufbewahren. Innerhalb von 3–4 Tagen verbrauchen.

SERVIEREMPFEHLUNG

Passt zu Fischgerichten und Meeresfrüchten, Salaten mit Beeren und Früchten, zu luftgetrocknetem Schinken und Feta.

SCHNITTLAUCH-PESTO MIT CURRY

Für 1 Glas à 150 ml

30 g Kürbiskerne
1 Bund Schnittlauch (ca. 30 g)
60 ml mildes Olivenöl
1 TL Currypulver (z. B. Madras-Curry)
2 EL frisch geriebener Parmesan
Salz
1 TL Ahornsirup

Die Kürbiskerne in einer Pfanne ohne Fettzugabe anrösten und abkühlen lassen. Den Schnittlauch waschen, abtropfen lassen und in grobe Stücke schneiden. Anschließend zusammen mit den Kürbiskernen, dem Olivenöl und Currypulver in einem hohen Gefäß pürieren. Den geriebenen Parmesan unterrühren und mit Salz und Ahornsirup würzen.

Das fertige Pesto in ein sauberes Glas füllen, im Kühlschrank aufbewahren und innerhalb von 2–3 Tagen aufbrauchen.

Info
Durch das Pürieren entfalten sich die Senföle des Schnittlauchs sehr gut und geben dem Pesto ein würzig-scharfes Aroma. Der Ahornsirup bildet mit seiner milden Süße einen feinen Gegenpart. Mit der Schärfe des verwendeten Currypulvers können Sie das Aroma zusätzlich bestimmen.

SERVIEREMPFEHLUNG

Passt zu gegrilltem Fisch und Fleisch sowie zu Käse und Salaten mit süßen Noten, wie getrockneten oder frischen Früchten.

SCHNITTLAUCH-CURRY-PESTO MIT CROSTINI

Für 4 Personen
Zubereitungszeit: 10 Minuten

1 Baguette (oder eine andere Brotsorte)
Olivenöl
1 Glas Schnittlauch-Pesto (150 ml)

Ein Baguette oder eine andere Brotsorte in Scheiben schneiden, diese mit etwas Olivenöl beträufeln und in einer Pfanne von beiden Seiten goldbraun anrösten. Warm mit dem Pesto bestreichen und servieren.

RADIESCHENGRÜN-PESTO

Für 1 Glas à 250 ml

Blätter von 1 Bund Radieschen (Bio-Qualität)
30 g Cashewkerne
½ unbehandelte Orange
75 ml Rapsöl
3 EL frisch geriebener Parmesan
Salz
frisch gemahlener Pfeffer

Die Radieschenblätter waschen und trockentupfen. Die Cashewkerne klein hacken, in einer Pfanne anrösten und abkühlen lassen. Die Orange heiß waschen, trockentupfen und die Schale fein abreiben. Die Radieschenblätter mit dem ausgepressten Orangensaft, der Orangenschale und dem Rapsöl in einem hohen Gefäß fein pürieren. Dann die Cashewkerne und den Parmesan unterrühren. Zuletzt mit Salz und Pfeffer würzen.

Das fertige Pesto in ein sauberes Schraubglas füllen. Im Kühlschrank aufbewahren und innerhalb von 1 Woche verbrauchen.

SERVIEREMPFEHLUNG

Passt zu milden und würzigen Käsesorten, als Brotaufstrich, zum Füllen von herzhaften Pfannkuchen oder zu Gemüse und Fleisch vom Grill.

GIERSCH-PESTO

Für 1 Glas à 200 ml

50 g Nusskern-Mischung
2 Handvoll Giersch (ca. 50 g)
1 kleine Knoblauchzehe
2 EL frisch geriebener Provolone
50 ml Walnussöl
Salz
frisch gemahlener Pfeffer

Die Nusskerne grob hacken, in einer Pfanne ohne Fettzugabe anrösten und abkühlen lassen. Den Giersch abbrausen und abtropfen lassen. Den Knoblauch abziehen.

Nusskerne, Giersch, Knoblauch und 40 ml Wasser in einem hohen Gefäß pürieren. Dann den Provolone dazureiben und das Walnussöl untermischen. Zuletzt mit Salz und Pfeffer würzen.

Das fertige Pesto in ein sauberes Glas füllen und im Kühlschrank aufbewahren. Innerhalb von 3–4 Tagen verbrauchen.

Info

Giersch gilt oft als Unkraut, denn dort, wo er im Garten erst mal Platz gefunden hat, ist er fast nicht mehr wegzukriegen: über unterirdische Wurzeln vermehrt sich das Kraut immer weiter. Giersch kann aber auch in Salaten oder als frisches Kraut sowie in schmackhaften Pestos verwendet werden. Am besten junge Blätter im Frühling und Frühsommer sammeln, sie sind zart und aromatisch.

SERVIEREMPFEHLUNG

Passt zu Frühlingsgerichten mit Spargel, Karotten, Tofu oder hellen Fischfilets. Mit etwas Joghurt oder Mayonnaise verrührt als Dip zu Rohkost, Sommerrollen oder auch für Burger und Wraps.

SCHARFES PETERSILIEN-PESTO

Für 1 Glas à 250 ml

30 g Kürbiskerne
1 Bund glatte Petersilie
30 ml neutrales Pflanzenöl
1 TL Wasabipaste
30 ml Kürbiskernöl
2 EL frisch geriebener Pecorino
Salz

Die Kürbiskerne in einer Pfanne ohne Fettzugabe anrösten, abkühlen lassen und hacken. Die Petersilie waschen, die Blätter abzupfen und die Stiele klein schneiden.

Die Petersilie mit den Stielen, dem Öl und 3 EL Wasser in einem hohen Gefäß pürieren. Dann die Kürbiskerne, die Wasabipaste, das Kürbiskernöl und den Pecorino unterheben. Zuletzt mit Salz würzen.

Das fertige Pesto in ein sauberes Schraubglas füllen. Im Kühlschrank aufbewahren und innerhalb von 1 Woche aufbrauchen.

SERVIEREMPFEHLUNG

Passt zu würzigem Käse, wie gereiften Schnittkäsen, Weichkäse oder Frischkäse. Als Brotaufstrich, zu Pasta, Risotto, gegrilltem oder gebratenem Fleisch und Gemüsen, wie Kürbis oder Karotten.

GEBACKENE KAROTTENBÄLLCHEN MIT SCHARFEM PETERSILIEN-PESTO

Für 4 Personen
Zubereitungszeit: 30 Minuten

600 g Karotten
1 Knoblauchzehe
120 g feine Haferflocken
8 EL Kichererbsenmehl
2 TL Koriandersaat, zerstoßen
2 TL getrockneter Thymian
1 TL Kurkumapulver
Salz
neutrales Pflanzenöl zum Ausbacken
Meersalzflocken
1 Glas Petersilien-Pesto (250 ml)

Die Karotten waschen, schälen und in Stücke schneiden. Den Knoblauch abziehen. Beides in der Küchenmaschine häckseln. Anschließend in einer Schüssel mit Haferflocken, Kichererbsenmehl, den Gewürzen und 1,5 TL Salz vermengen. Die Mischung abgedeckt 20 Minuten ruhen lassen.

In einen Topf 3–4 cm hoch Pflanzenöl einfüllen und auf 160–170 °C erhitzen. Aus der Karottenmasse kleine Bällchen formen, diese portionsweise zu 5–6 Stück im heißen Fett etwa 2 Minuten goldbraun ausbacken. Die Bällchen mit Meersalz bestreuen und mit dem Pesto servieren.

PETERSILIE-SOJAKERN-PESTO

Für 1 Glas à 250 ml

1 Knoblauchzehe
1 Stück Ingwer (2 cm)
1 Bund glatte Petersilie (ca. 40 g)
30 g geröstete Sojakerne
80 ml Olivenöl
Salz
frisch gemahlener Pfeffer
2 Frühlingszwiebeln
2 EL frisch geriebener Manchego

Den Knoblauch abziehen, den Ingwer schälen. Die Petersilie waschen, trockentupfen und die Blätter abzupfen. Die Stiele sehr fein schneiden.

Den Knoblauch, den Ingwer, die Petersilie samt Stielen und Sojakerne in ein hohes Gefäß geben, das Öl aufgießen und alles pürieren. Mit Salz und Pfeffer würzen. Zuletzt die Frühlingszwiebeln putzen, waschen und fein schneiden. Den Manchego und die Frühlingszwiebeln unter das Pesto rühren.

Das fertige Pesto in ein sauberes Schraubglas füllen, im Kühlschrank aufbewahren und innerhalb von 1 Woche verbrauchen.

Info

Sojakerne erinnern optisch an Erdnusskerne, sind aber deutlich kleiner und knackiger. Sie schmecken leicht nussig. Im Pesto geben sie dadurch einen feinen und intensiven Crunch, der bleibt.

SERVIEREMPFEHLUNG

Passt als Aufstrich zu Burgern, Wraps, Sandwiches und Broten. Ideal auch zu würzigen Käsesorten und zu gegrilltem Fleisch.

7-KRÄUTER-PESTO MIT VITALKERNEN

Für 1 Glas à 400 ml

50 g Vitalkerne (Salatkerne-Mischung z. B. aus Pinien-, Sonnenblumen- und Kürbiskernen)
1 TL Koriandersaat
1 Bund 7-Kräuter-Mischung (für Grüne Sauce)
½ unbehandelte Zitrone
2 Knoblauchzehen
150 ml Olivenöl
Salz
frisch gemahlener Pfeffer
4 EL frisch geriebener Grana Padano oder Parmesan

Die Vitalkerne mit dem Koriander in einer Pfanne ohne Fettzugabe anrösten und abkühlen lassen. Beides im Mörser zerstoßen. Die Kräuter waschen, abtropfen lassen und die Blätter abzupfen. Die Zitrone heiß waschen, trockentupfen und die Schale fein abreiben. Den Saft auspressen. Den Knoblauch abziehen.

Die Vitalkerne, den Koriander, die Kräuter, den Knoblauch, den Zitronenabrieb, -saft, 3 EL Wasser und das Olivenöl im Multizerkleinerer (Küchenmaschine mit Schneidmesser) pürieren. Dabei nach Bedarf die Zutaten immer wieder mit einem Gummispatel von den Seiten nach unten schieben. Mit Salz und Pfeffer würzen. Zuletzt den Käse unterheben.

Das fertige Pesto in ein sauberes Schraubglas füllen und im Kühlschrank aufbewahren. Innerhalb von 1 Woche verbrauchen.

Info

Das Kräuterbund für Grüne Sauce gibt es meist im Frühling um Ostern herum. Die Grüne Sauce ist ein klassisches Ostergericht. Die Mischung aus Sauerampfer, Pimpinelle, Gartenkresse, Schnittlauch, Borretsch, Kerbel und Petersilie ist würzig und frisch. Die Stiele der Kräuter klein schneiden und unbedingt mit verwenden, da sie einen schönen Crunch geben.

SERVIEREMPFEHLUNG

Passt zu Eierspeisen, Crêpes mit Spargel, zu gesottenem Fleisch, wie Tafelspitz, oder Geflügel. Auch zarte Fischfilets, wie Forelle, Saibling oder Zander, lassen sich damit verfeinern. Als schnelles Dressing 1–2 EL Pesto mit etwas Gemüsebrühe verdünnen und Salat damit marinieren.

SAUERAMPFER-PESTO

Für 1 Glas à 250 ml

40 g Kürbiskerne
1 Handvoll Sauerampfer (ca. 60 g)
1 Stück Ingwer (2 cm)
1 Knoblauchzehe
2 EL Rosinen
50 ml Olivenöl
Salz
frisch gemahlener Pfeffer

Die Kürbiskerne in einer Pfanne ohne Fettzugabe anrösten und abkühlen lassen. Den Sauerampfer waschen und gut abtropfen lassen. Den Ingwer schälen und hacken. Den Knoblauch abziehen.

Die Kürbiskerne mit dem Sauerampfer, dem Ingwer, dem Knoblauch, den Rosinen, dem Olivenöl und 3 EL Wasser in einem hohen Gefäß fein pürieren. Zuletzt mit Salz und Pfeffer würzen.

Das fertige Pesto in ein sauberes Schraubglas füllen, im Kühlschrank aufbewahren und innerhalb von 1 Woche aufbrauchen.

Info

Sauerampfer ist mit seinem leicht säuerlichen Aroma ein typisches Frühlingskraut. Die kleinen und zarten Blätter können Sie auf naturbelassenen Wiesen, ungespritzt und ohne Tierhaltung, sammeln. Auch auf Wochenmärkten ist er während der Saison erhältlich. Ersatzweise sind junge Spinatblätter für dieses Pesto ideal.

SERVIEREMPFEHLUNG

Passt zu Frühlingsgerichten mit Kartoffeln, Ei, Spargel und Tofu. Ideal auch als Dressing und Salatsauce zu kalt aufgeschnittenen Braten und Fleischstücken, ähnlich Roastbeef oder Vitello, für Rohkostsalate und Sommerrollen.

KAPUZINERKRESSE-PESTO

Für 1 Glas à 150 ml

2 Handvoll Kapuzinerkresse (Blüten und Blätter)
5 Paranusskerne
3 EL frisch geriebener Parmesan
50 ml Haselnussöl
Salz
frisch gemahlener Pfeffer

Die Kapuzinerkresseblüten und -blätter verlesen und von Insekten befreien. Anschließend nicht zu fein hacken. Die Paranüsse hacken und mit den Blüten und Blättern, dem Parmesan und dem Haselnussöl verrühren. Zuletzt mit Salz und Pfeffer würzen.

Das fertige Pesto in ein sauberes Schraubglas füllen. Im Kühlschrank aufbewahren und innerhalb von 1–2 Tagen aufbrauchen.

SERVIEREMPFEHLUNG

Passt zu Fisch, Fleisch und Gemüse vom Grill. Die intensive Schärfe der Blüten harmoniert hervorragend mit würzigen Speisen, ebenso wie mit milden Käsesorten, wie Weich- und Frischkäse. Etwas Brot als Beilage ist ideal.

BÄRLAUCH-PESTO

Für 2 Gläser à 200 ml

50 g Pinienkerne
1 Bund Bärlauch (ca. 100 g)
Saft von ½ Zitrone
150 ml Olivenöl
Salz
frisch gemahlener Pfeffer
4 EL frisch geriebener Parmesan

Die Pinienkerne in einer Pfanne ohne Fettzugabe anrösten und abkühlen lassen. Den Bärlauch waschen, gut abtropfen lassen und grob hacken.

Den Bärlauch, die Pinienkerne, den Zitronensaft und das Öl in einem hohen Gefäß fein pürieren. Mit Salz und Pfeffer würzen, zuletzt den Parmesan unterheben.

Das fertige Pesto in ein sauberes Schraubglas füllen und im Kühlschrank aufbewahren. Innerhalb von 1 Woche aufbrauchen.

SERVIEREMPFEHLUNG

Passt zu Pasta und Reisgerichten, als Brotaufstrich, Dip, zum Verfeinern von Frischkäse und Quarkmischungen.

SCHNELLE PESTO-SAUCE FÜR FISCH

Fischfilet in einer Pfanne in etwas Butter braten. 2–3 EL Pesto zugeben und mit einem Schuss Gemüsebrühe oder nach Belieben Sahne aufgießen. Erhitzen und mit dem Fisch servieren.

Info

Bärlauch ist das Frühlingskraut schlechthin. Die Blätter gibt es zum Selbersammeln auf Wiesen und an Waldrändern. Vorsicht vor Verwechslung, denn sie ähneln den giftigen Maiglöckchenblättern, Herbst-Zeitlose und Aronstab. Gut zu erkennen ist Bärlauch an seinem intensiven Knoblauchduft, den er verströmt. Die Blätter wachsen paarweise pro Zwiebel.

GEHACKTES ZUCCHINIBLÜTEN-PESTO

Für 1 Glas à 200 ml

5–6 Zucchiniblüten
1 kleine Knoblauchzehe
30 g geschälte Hanfsamen
50 ml Olivenöl
Saft von ½ Zitrone
Salz
frisch gemahlener Pfeffer
2 EL frisch geriebener Comté (Käsesorte)

Die Zucchiniblüten nach Insekten absuchen, Blütenstempel behutsam entfernen. Den Knoblauch abziehen. Die Blüten und den Knoblauch mit einem scharfen Messer klein hacken. Anschließend in einer Schale mit den Hanfsamen, dem Olivenöl, dem Zitronensaft, etwas Salz und Pfeffer und dem Comté verrühren.

Das fertige Pesto in ein sauberes Schraubglas füllen und im Kühlschrank aufbewahren. Innerhalb von 2–3 Tagen verbrauchen.

SERVIEREMPFEHLUNG

Passt zu geröstetem Brot, Frischkäsen, Mozzarella, Feta oder zu Pastagerichten.

FELDSALAT-PESTO

Für 1 Glas à 250 ml

1 Handvoll Feldsalat (ca. 60 g)
1 kleine Knoblauchzehe
30 g Pistazienkerne
50 ml Olivenöl
30 g Pecorino
Salz
frisch gemahlener Pfeffer

Den Feldsalat putzen, waschen und abtropfen lassen. Den Knoblauch abziehen.

Den Feldsalat, den Knoblauch, die Pistazienkerne, 2 EL Wasser und das Olivenöl in einem hohen Gefäß pürieren. Den Pecorino dazureiben. Mit Salz und Pfeffer würzen und alles gleichmäßig verrühren.

Das fertige Pesto in ein sauberes Schraubglas füllen und im Kühlschrank aufbewahren. Innerhalb von 1 Woche verbrauchen.

SERVIEREMPFEHLUNG

Passt zu Pasta, Rohkostsalaten, als Dip für Sommerrollen, Fleisch- oder Fischspieße und zum Verfeinern von Eierspeisen.

STROMBOLI MIT HIRTENKÄSE UND FELDSALAT-PESTO

Für 4 Personen
Zubereitungszeit: 30 Minuten plus Gehzeit 1 Stunde 15 Minuten
Backzeit: 30 Minuten

200 g Pizzamehl (ersatzweise Weizenmehl Type 550) plus mehr zum Bearbeiten
15 g frische Hefe
Salz
3 EL Olivenöl
1 Glas Feldsalat-Pesto (250 ml)
1 Hirtenkäse (ca. 200 g)
4–5 getrocknete, in Öl eingelegte Tomatenfilets, abgetropft
etwas Tomatenöl der getrockneten Tomatenfilets zum Bestreichen

Das Mehl in eine Schüssel geben und in der Mitte eine Mulde formen. Die Hefe in 100 ml lauwarmem Wasser auflösen und mit einem Teil des Mehls zu einem dickflüssigen Brei verrühren. Diesen Vorteig abgedeckt 10 Minuten gehen lassen.

1 TL Salz und das Olivenöl zum Vorteig geben und alles zu einem glatten, geschmeidigen Teig verkneten. Erneut abgedeckt bei Zimmertemperatur 45 Minuten gehen lassen.

Den aufgegangenen Teig auf der leicht bemehlten Arbeitsfläche zu einem Oval (ca. 20 x 15 cm) ausrollen. Den Teig mit 3 EL Pesto bestreichen, dabei 3 cm zum Rand hin frei lassen. Den Hirtenkäse trockentupfen und flach halbieren. Beide Stücke mittig auf den Teig legen. Die Tomatenfilets würfeln und darauf streuen. Den Teig an den Längsseiten leicht schräg im Abstand von 3 cm etwa 5 cm tief einschneiden. Den Teig an der schmalen Seite über den Käse legen, die Streifen über Kreuz legen. Nun alle weiteren Teigstreifen jeweils von links und rechts über Kreuz über den Käse klappen und am Ende gut verschließen.

Den Stromboli auf ein mit Backpapier ausgelegtes Backblech legen, abdecken und 20 Minuten gehen lassen. Den Backofen auf 180 °C Ober-/Unterhitze vorheizen.

Nach der Ruhezeit den Stromboli auf der Oberfläche mit etwas Tomatenöl einstreichen und 25–30 Minuten im vorgeheizten Backofen backen.

In Stücke schneiden und warm servieren.

SCHNITTLAUCH-OLIVEN-PESTO

Für 1 Glas à 250 ml

30 g Sonnenblumenkerne
1 Bund Schnittlauch
1 Bund Dill
2 EL entsteinte grüne Oliven
40 ml Olivenöl
Salz
frisch gemahlener Pfeffer
30 g Pecorino

Die Sonnenblumenkerne in einer Pfanne ohne Fettzugabe anrösten und abkühlen lassen. Den Schnittlauch sowie den Dill waschen und abtropfen lassen. Die Dillfähnchen abzupfen. Den Schnittlauch in feine Röllchen schneiden, den Dill samt Stielen fein hacken. Die Sonnenblumenkerne und die Oliven fein hacken.

Die Kräuter, die Sonnenblumenkerne und die Oliven zusammen mit dem Olivenöl in einer Schale verrühren. Mit Salz und Pfeffer würzen. Zuletzt den Käse dazureiben und unterheben.

Das fertige Pesto in ein sauberes Schraubglas füllen und im Kühlschrank aufbewahren. Innerhalb von 1 Woche verbrauchen.

SERVIEREMPFEHLUNG

Passt zu Matjes, Gurken- und Blattsalaten, gegrilltem Fisch und als Topping für Fischsuppen.

GARTENKRESSE-PESTO

Für 1 Glas à 250 ml

30 g ganze Mandelkerne mit Schale
1 TL Kapern, abgetropft
30 ml Olivenöl
3 Schalen Gartenkresse
30 g Parmesan
Salz
frisch gemahlener Pfeffer

Die Mandeln grob hacken, in einer Pfanne anrösten und abkühlen lassen. Anschließend zusammen mit den Kapern, dem Olivenöl und 3 EL Wasser in einem hohen Gefäß pürieren.

Die Gartenkresse mit einer Schere vom Beet schneiden, in einem Sieb abbrausen und gut abtropfen lassen. Die Gartenkresse zum Pesto geben, den Parmesan dazureiben. Alles gut vermengen und zuletzt mit Salz und Pfeffer würzen.

Das fertige Pesto in ein sauberes Schraubglas füllen und im Kühlschrank aufbewahren. Innerhalb von 1 Woche verbrauchen.

SERVIEREMPFEHLUNG

Passt zu Eierspeisen, zu Crostini, Sandwiches und Wraps. Ideal zu gegrilltem und kurz gebratenem Fisch oder Fleisch.

KORIANDER-KOKOS-PESTO

Für 1 Glas à 250 ml

4 EL Kokosraspel
2 Bund Koriandergrün (ca. je 30 g)
1 Stück Ingwer (ca. 2 cm)
½ unbehandelte Limette
½ TL Kurkumapulver
50 ml Rapsöl
1 TL Hefeflocken (optional)
Salz
frisch gemahlener Pfeffer

Die Kokosraspel in einer Pfanne ohne Fettzugabe bei mittlerer Temperatur anrösten und abkühlen lassen. Den Koriander waschen, trockentupfen und samt Stielen grob schneiden. Den Ingwer schälen und hacken. Die Limette heiß waschen, trockentupfen, die Schale fein abreiben und den Saft auspressen.

Die vorbereiteten Zutaten zusammen mit dem Kurkumapulver, dem Rapsöl und 2–3 EL Wasser in einem hohen Gefäß pürieren. Nach Belieben die Hefeflocken unterrühren. Zuletzt mit Salz und Pfeffer abschmecken.

Das fertige Pesto in ein sauberes Glas füllen. Im Kühlschrank aufbewahren und innerhalb von 1 Woche aufbrauchen.

SERVIEREMPFEHLUNG

Passt zu kurz gebratenem Fisch und Geflügel, wie Satés. Zudem als Dip zu Sommerrollen, Rohkost, zum Würzen von Tofu, Gerichten mit Basmati- oder Jasminreis.

SOMMERROLLEN MIT KORIANDER-KOKOS-PESTO

Für 4 Personen
Zubereitungszeit: 20 Minuten

30 g Glasnudeln
½ Mango
3 Frühlingszwiebeln
2 kleine Karotten
4 Radieschen
2–3 Stängel Koriander
je ½ Schale Rote-Bete- und Radieschen-Kresse
etwa 20 Reisblätter für Sommerrollen
1 TL schwarze Sesamsamen
1 Glas Koriander-Kokos-Pesto (200 ml)

Die Glasnudeln in einer Schüssel mit kochendem Wasser übergießen, 5 Minuten einweichen und dann in ein Sieb abgießen. Die Mango schälen und das Fruchtfleisch in schmale Streifen schneiden. Die Frühlingszwiebeln, die Karotten und die Radieschen waschen, putzen, in feine Streifen bzw. Scheiben schneiden. Den Koriander waschen und trockentupfen. Die Kresse mit einer Küchenschere vom Beet schneiden, abbrausen und trockentupfen.

Zum Füllen die Reisblätter nacheinander für etwa 30 Sekunden in lauwarmes Wasser legen. Sobald sie weich sind, abtropfen lassen, mit Glasnudeln, Gemüse, Kräutern, Kresse und Sesam füllen. Die Seiten einschlagen und aufrollen. Auf einer Platte anrichten und mit dem Koriander-Kokos-Pesto servieren.

SPROSSEN-PESTO

Für 1 Glas à 250 ml

2 TL Koriandersaat
30 g Macadamianusskerne
1 Zweig Rosmarin
100 ml mildes Olivenöl
Saft von 1 Limettenspalte
1 Handvoll Sprossen (60 g; z.B. Alfalfa, Brokkoli, Linsen)
Salz
frisch gemahlener Pfeffer

Den Koriander im Mörser zerstoßen. Die Macadamianüsse fein hacken und zusammen mit dem Koriander in einer Pfanne ohne Fettzugabe anrösten. Zum Abkühlen in ein anderes Gefäß umfüllen.

Den Rosmarin waschen, trockentupfen, die Nadeln abzupfen und hacken. Die Rosmarinnadeln, den Koriander und die Macadamianüsse mit dem Öl und etwas Limettensaft vermischen. Die Sprossen in einem Sieb waschen, abtropfen lassen, hacken und unter das Pesto mischen. Zuletzt mit Salz und Pfeffer würzen.

Das fertige Pesto in ein sauberes Schraubglas füllen und im Kühlschrank aufbewahren. Innerhalb von 3–4 Tagen aufbrauchen.

SERVIEREMPFEHLUNG

Passt zu Rohkost, zum Marinieren von kaltem Braten oder Fischsalaten. Schmeckt auch sehr gut als Brotaufstrich.

FRÜHLINGSZWIEBEL-APFEL-PESTO

Für 1 Glas à 250 ml

1 TL Fenchelsaat
1 Bund Frühlingszwiebeln
50 g getrocknete Apfelringe
40 g Pekannusskerne
3 EL Apfelsaft
60 ml Rapsöl
Salz
frisch gemahlener Pfeffer

Den Fenchel in einer Pfanne ohne Fettzugabe anrösten. Die Frühlingszwiebeln putzen, waschen und in dünne Ringe schneiden.

Die Apfelringe, die Pekannusskerne, den Fenchel, den Apfelsaft und das Rapsöl in einem hohen Gefäß pürieren. Dann die Frühlingszwiebeln untermischen. Zuletzt mit Salz und Pfeffer würzen.

Das fertige Pesto in einem sauberen Schraubglas im Kühlschrank aufbewahren. Innerhalb von 4–5 Tagen verbrauchen.

Info

Pestos mit Zwiebelgemüsen, wie Frühlingszwiebeln oder auch Schnittlauch, entwickeln eine feine bis intensive Schärfe. Sie sollten recht bald verzehrt werden, da sie mit der Zeit bitter werden.

SERVIEREMPFEHLUNG

Das süßlich, würzig-scharfe Pesto passt zu gebratenem Fleisch, würzigem Käse, wie gereiftem Gouda, Bergkäse, oder auch Weichkäsen, wie Brie und Camembert.

KRÄUTER-SARDELLEN-PESTO

Für 1 Glas à 350 ml

40 g Sonnenblumenkerne
1 Bund krause Petersilie (ca. 40 g)
1 Bund Schnittlauch
1 Knoblauchzehe
3 in Öl eingelegte Sardellen, abgetropft
100 ml Olivenöl
Salz
frisch gemahlener Pfeffer

Die Sonnenblumenkerne in einer Pfanne ohne Fettzugabe anrösten und abkühlen lassen. Die Petersilie und den Schnittlauch waschen und trockentupfen. Petersilienblätter abzupfen, die Stiele fein hacken. Den Knoblauch abziehen.

Die Petersilie samt klein geschnittenen Stielen, den Knoblauch, die Sardellen und dem Öl in einem hohen Gefäß pürieren. Dann die Sonnenblumenkerne zugeben und nur wenig zerkleinern.

Den Schnittlauch in feine Röllchen schneiden und unter das Pesto rühren. Zuletzt mit Salz und Pfeffer würzen.

Das fertige Pesto in ein sauberes Schraubglas füllen und im Kühlschrank aufbewahren. Innerhalb von 1 Woche verbrauchen.

SERVIEREMPFEHLUNG

Passt zu Rohkost, als Aufstrich für Brote, Sandwiches und Wraps. Zum Marinieren von dunklem Fleisch, wie Rind, Lamm oder Wild.

GURKENSALAT MIT KRÄUTER-SARDELLEN-PESTO UND GEBRATENEM HALLOUMI

Für 4 Personen
Zubereitungszeit: 20 Minuten plus Ziehzeit 30 Minuten

2 Salatgurken
4 EL Kräuter-Sardellen-Pesto
Saft von ½ Zitrone
250 g Halloumi
2 EL Olivenöl
Salz
frisch gemahlener Pfeffer
2 Stängel Dill, gehackt
2 EL Schnittlauchröllchen
2 EL Sonnenblumenkerne, geröstet

Die Gurken waschen, in dünne Scheiben schneiden und mit dem Pesto und Zitronensaft in einer Schüssel vermengen. 30 Minuten abgedeckt ziehen lassen.

Den Halloumi trockentupfen, in 1 cm breite Scheiben schneiden und in einer Pfanne im heißen Olivenöl anbraten. Mit wenig Salz und Pfeffer würzen.

Den Gurkensalat mit Halloumi anrichten. Mit dem Dill und Schnittlauch sowie den Sonnenblumenkernen bestreut servieren.

WALNUSS-BASILIKUM-PESTO

Für 1 Glas à 300 ml

2 Knoblauchzehen
75 ml Olivenöl
30 g Walnusskerne
2 Töpfe oder 2 Bund Basilikum
½ unbehandelte Zitrone
2–3 EL frisch geriebener gut gereifter Bergkäse
½ TL geräuchertes Paprikapulver
Salz

Den Knoblauch abziehen, in feine Scheiben schneiden und in einer Pfanne in 3 EL Olivenöl goldbraun anrösten. Dann umfüllen und abkühlen lassen. Die Walnusskerne klein hacken, in einer Pfanne ohne Fettzugabe anrösten und ebenfalls abkühlen lassen.

Die Basilikumblätter abzupfen, waschen und abtropfen lassen. Die Zitrone heiß waschen, trockentupfen und die Schale mit dem Sparschäler dünn abziehen. Die abgezogene Zitronenschale in feine Streifen schneiden.

Das Knoblauchöl, die Walnüsse und das Basilikum in einem hohen Gefäß pürieren. Danach den geriebenen Bergkäse, die Zitronenschale und das geräucherte Paprikapulver unterrühren. Zuletzt mit Salz würzen.

Das fertige Pesto in ein sauberes Schraubglas füllen und im Kühlschrank aufbewahren. Innerhalb von 1 Woche verbrauchen.

SERVIEREMPFEHLUNG

Passt als Aufstrich zu dunklem Brot, Nussbroten oder Pumpernickel, zu würzigen Käsesorten, wie gereiften Schnitt- und Weichkäsen. Verfeinert Aufstriche mit Frischkäse und kann als Sauce für Pasta verwendet werden.

SCHNITTLAUCH-MACADAMIA-PESTO MIT LAVENDEL

Für 1 Glas à 250 ml

30 g gesalzene Macadamianusskerne
1 TL getrocknete Lavendelblüten (erhältlich z. B. im Biomarkt, Reformhaus)
1 Bund Schnittlauch (ca. 25 g)
50 ml Rapsöl
Salz
frisch gemahlener Pfeffer

Die Macadamianusskerne mit dem Lavendel im Mörser zerstoßen. Den Schnittlauch waschen, trockentupfen und in feine Röllchen schneiden.

Die vorbereiteten Zutaten mit dem Öl in einer Schale mischen. Zuletzt mit Salz und Pfeffer würzen.

Das fertige Pesto in ein sauberes Schraubglas füllen und im Kühlschrank aufbewahren. Innerhalb von 3–4 Tagen verbrauchen.

Info
Schnittlauch entwickelt beim Pürieren oder Zerreiben im Mörser eine intensive Schärfe. Eine Alternative, wie bei dieser Zubereitung, ist, den Schnittlauch geschnitten zuzugeben.

SERVIEREMPFEHLUNG

Passt zu gereiftem Schnittkäse, Weichkäsen und Frischkäsen. Als Aufstrich oder zum Dippen für Cracker und Crostini. Besonders schmackhaft zu Ziegenfrischkäse, Rucola oder Chicorée.

BASILIKUM-ZITRONENVERBENE-PESTO

Für 1 Glas à 250 ml

30 g Pinienkerne
2 TL getrocknete Zitronenverbene (loser Tee oder 2 Teebeutel)
1 TL Szechuanpfeffer
1 Topf Basilikum
½ Bund glatte Petersilie
2 Stücke kandierter Ingwer
75 ml Olivenöl
Salz

Die Pinienkerne in einer Pfanne ohne Fettzugabe oder im Backofen anrösten und abkühlen lassen. Die Zitronenverbene im Mörser fein zerreiben. Die Pinienkerne und den Szechuanpfeffer zugeben und fein zerstoßen. Die Basilikum- und Petersilienblätter abzupfen, waschen und abtropfen lassen. Die Kräuter und den kandierten Ingwer zugeben und zerkleinern. Das Öl zufügen und alles zu einer feinen Paste verarbeiten. Zuletzt mit Salz würzen.

Das fertige Pesto in ein sauberes Schraubglas füllen. Im Kühlschrank aufbewahren und innerhalb von 1 Woche verbrauchen.

SERVIEREMPFEHLUNG

Passt zu Pasta, Pizzabrot, Risotto und Salaten mit Tomaten oder Ziegenfrischkäse. Auch kalte Fischsalate oder Feta mariniert das Pesto unkompliziert.

NAAN-BROT MIT BASILIKUM-ZITRONEN-VERBENE-PESTO

Für 4 Personen
Zubereitungszeit: 30 Minuten

300 g Weizenmehl Type 405
1 TL Backpulver
1 TL Trockenhefe
1 TL Salz
300 g Naturjoghurt (3,8 % Fettgehalt)
ca. 2 EL Olivenöl
3–4 EL Basilikum-Zitronenverbene-Pesto

Das Mehl mit dem Backpulver, der Trockenhefe und dem Salz in einer Schüssel mischen. Den Joghurt zugeben und die Zutaten zu einem glatten Teig verkneten. Diesen abgedeckt 15 Minuten ruhen lassen.

Den Teig anschließend auf der leicht geölten Arbeitsfläche in acht Stücke teilen. Mit den ebenfalls eingeölten Händen zu länglichen Fladen formen.

Eine Pfanne erhitzen, die Fladen darin bei mittlerer Temperatur von jeder Seite in 1–2 Minuten goldbraun braten. Die Fladen noch warm mit dem Pesto bestreichen und servieren.

BRUNNENKRESSE-PESTO

Für 1 Glas à 250 ml

30 g Walnusskerne
80 g Brunnenkresse
50 ml Olivenöl
Salz
frisch gemahlener Pfeffer
frisch geriebene Muskatnuss
3 EL frisch geriebener Parmesan

Die Walnusskerne grob hacken und in einer Pfanne ohne Fettzugabe anrösten. Anschließend abkühlen lassen. Die Brunnenkresse waschen, gut abtropfen lassen und klein zupfen. Beides mit dem Öl und 3 EL Wasser in einem hohen Gefäß fein pürieren. Mit Salz, Pfeffer und Muskat würzen und zuletzt den Parmesan unterheben.

Das fertige Pesto in ein sauberes Schraubglas füllen und im Kühlschrank aufbewahren. Innerhalb von 1 Woche verbrauchen.

Info

Brunnenkresse kann etwa von April bis Oktober gesammelt werden und ist zumeist an Quellen und klaren Fließgewässern zu finden. Sie schmeckt leicht scharf mit einer bitteren Note. Mit etwas Glück ist sie auch auf dem Wochenmarkt zu bekommen.

SERVIEREMPFEHLUNG

Passt zu Pasta und Risotto. Zum Dippen, als Aufstrich oder zu kurz gebratenem Fisch oder Fleisch. Als Salatdressing mit 1–2 EL Gemüsebrühe verdünnen und mit Weißweinessig würzig abschmecken.

LÖWENZAHN-PESTO

Für 1 Glas à 250 ml

1 Handvoll Löwenzahnblätter (ca. 50 g)
30 g Pistazienkerne
50 ml Olivenöl
Saft von ½ Zitrone
2 EL frisch geriebener Parmesan
Salz
frisch gemahlener Pfeffer

Den Löwenzahn waschen, trockentupfen und zerzupfen. Anschließend zusammen mit den Pistazien, dem Öl, dem Zitronensaft und 3 EL Wasser in einem hohen Gefäß pürieren. Dann den Parmesan unterheben. Zuletzt mit Salz und Pfeffer würzen.

Das fertige Pesto in ein sauberes Schraubglas füllen und im Kühlschrank aufbewahren. Innerhalb von 1 Woche verbrauchen.

Info

Die jungen Blätter des Löwenzahns erntet man am besten im April und Mai, da sind sie zart und nur leicht bitter. Ab der Blütezeit einfach einige Blütenblätter der gelben Köpfe mit in das Pesto zupfen.

WÜRZIGES KORIANDER-ERDNUSS-PESTO

Für 1 Glas à 250 ml

2 Bund Koriandergrün (je ca. 30 g)
2 Kapseln Kardamom
½ TL Chiliflocken
50 g ungesalzene geröstete Erdnusskerne
60 ml Erdnussöl
Saft von 1 Limette
Salz
frisch gemahlener Pfeffer

Den Koriander waschen, trockentupfen und samt Stielen zerzupfen. Die Kardamomkapseln aufbrechen, die Samen herauslösen und zusammen mit den Chiliflocken im Mörser fein zerstoßen. Die Erdnüsse hinzufügen und mit dem Stößel zerkleinern.

Den vorbereiteten Koriander zugeben und alle Zutaten zu einer Paste zerstoßen. Danach das Öl und den Limettensaft zugießen. Zuletzt mit Salz und Pfeffer würzen.

Das fertige Pesto in ein sauberes Schraubglas füllen, im Kühlschrank aufbewahren und innerhalb von 1 Woche verbrauchen.

SERVIEREMPFEHLUNG

Passt zu Gerichten mit Geflügel, Fisch und Tofu mit asiatischen Zutaten. Als Dip für Sommer- oder Frühlingsrollen. Zum Marinieren von kurz gebratenem Fisch oder Fleisch.

RUCOLA-HASELNUSS-PESTO

Für 1 Glas à 300 ml

25 g geschälte Haselnusskerne
1 Bund Rucola (ca. 80 g)
1 EL Sultaninen
50 ml Olivenöl
Salz
Cayennepfeffer
3 EL frisch geriebener Parmesan

Die Haselnüsse grob hacken und in einer Pfanne ohne Fettzugabe anrösten. Danach abkühlen lassen.

Den Rucola waschen, trockentupfen und samt Stielen grob hacken. Den Rucola, die Haselnüsse, die Sultaninen, 3 EL Wasser und das Olivenöl in einem hohen Gefäß pürieren. Zuletzt mit Salz und Cayennepfeffer würzig abschmecken und den Parmesan unterheben.

Das fertige Pesto in ein sauberes Schraubglas füllen und im Kühlschrank aufbewahren. Innerhalb von 1 Woche verbrauchen.

SERVIEREMPFEHLUNG

Passt zu milden und würzigen Käsesorten, verfeinert Aufstriche, zum Beispiel mit Frischkäse oder Quark. Ideal zum Füllen von herzhaften Hefezöpfen oder Hefeschnecken. Auch kleine Pizzabrötchen lassen sich mit diesem Pesto verfeinern.

GEMÜSE

SUPPENGEMÜSE-PESTO

Für 1 Glas à 350 ml

½ Bund Suppengemüse (Sellerie, Karotte, Lauch)
1 Knoblauchzehe
4 Stängel glatte Petersilie
40 g Vitalkerne (Salatkerne-Mischung, etwa aus Kürbis-, Sonnenblumen- und Pinienkernen)
100 ml Olivenöl
3 EL frisch geriebener Parmesan
3 EL frisch geriebener Pecorino
Salz

Das Suppengemüse waschen, putzen und schälen. Den Knoblauch abziehen und alles in Stücke schneiden. Die Petersilie waschen, trockentupfen, die Blätter abzupfen und die Stiele fein schneiden. Die vorbereiteten Zutaten und die Kerne zunächst im Multizerkleinerer (Küchenmaschine mit Schneidmesser) klein häckseln. Dabei nach Bedarf die Zutaten immer wieder mit einem Gummispatel von den Seiten nach unten schieben. Dann das Olivenöl zugeben und zu einer Paste mixen. Zuletzt den Parmesan und den Pecorino unterheben und mit Salz würzen.

Das Pesto in ein sauberes Schraubglas füllen und im Kühlschrank aufbewahren. Innerhalb von 1 Woche verbrauchen.

Info
Durch den zerkleinerten Lauch erhält das Pesto eine intensive Zwiebelschärfe. Milder wird das Pesto, wenn Sie den Lauch durch mehr Karotten, Sellerie oder auch Pastinake ersetzen.

SERVIEREMPFEHLUNG

Passt zu Pasta und Reisgerichten, verfeinert Suppen, als Aufstrich oder in Dips und Salatsaucen.

Gemüse-Pesto

FENCHELGRÜN-PESTO

Für 1 Glas à 250 ml

Fenchelgrün von 2–3 Fenchelknollen (ca. 80 g)
3 getrocknete Apfelringe
2 EL helle Sesamsaat
Abrieb von ½ unbehandelten Zitrone
plus etwas Saft
100 ml Rapsöl
Salz
frisch gemahlener Pfeffer

Das Fenchelgrün waschen, trockentupfen und klein schneiden. Mit den Apfelringen, der Sesamsaat, dem Abrieb der ½ Zitrone und einem Spritzer Saft im Multizerkleinerer (Küchenmaschine mit Schneidmesser) häckseln. Dabei nach Bedarf die Zutaten immer wieder mit einem Gummispatel von den Seiten nach unten schieben. Das Rapsöl zugeben und die Zutaten kurz vermischen. Zuletzt mit Salz und Pfeffer würzen.

Das fertige Pesto in ein sauberes Schraubglas füllen, im Kühlschrank aufbewahren und innerhalb von 1 Woche verbrauchen.

SERVIEREMPFEHLUNG

Passt perfekt zu Salz- oder Ofenkartoffeln, zu Fischgerichten, egal ob gebraten, gedämpft oder aus dem Ofen. Auch als Dip oder zum Verfeinern von Aufstrichen.

Info

Fenchelgrün? Gemeint ist hier, was beim Putzen der Fenchelknolle anfällt, dazu zählen auch die oben ansitzenden Reste vom Stängel. Leider wird im Handel oft viel vom Grün weggeschnitten. Wer das Glück hat, reichlich Fenchelgrün zu bekommen, oder es im Garten selber anbaut, sollte das Pesto unbedingt damit ausprobieren. Die feinen Anisaromen sind ausgesprochen lecker.

MANGOLD-PESTO

Für 1 Glas à 400 ml

3 Mangoldblätter (bunter Mangold sieht hier besonders schön aus)
80 ml Olivenöl
30 g Walnusskerne
3 EL frisch geriebener alter Gouda
½ TL Chiliflocken
Salz
frisch gemahlener Pfeffer

Die Mangoldblätter waschen, trockentupfen und klein schneiden. In einer Pfanne in 2 EL Olivenöl 3 Minuten anschwitzen. Die Walnusskerne klein hacken und in einer zweiten Pfanne ohne Fettzugabe anrösten. Anschließend beides abkühlen lassen.

Den erkalteten Mangold und das übrige Öl im Multizerkleinerer (Küchenmaschine mit Schneidmesser) häckseln. Dabei nach Bedarf die Zutaten immer wieder mit einem Gummispatel von den Seiten nach unten schieben. Den Gouda und die Walnüsse untermengen. Zuletzt mit Chiliflocken, Salz und Pfeffer würzen.

Das fertige Pesto in ein sauberes Schraubglas füllen. Im Kühlschrank aufbewahren und innerhalb von 1 Woche verbrauchen.

SERVIEREMPFEHLUNG

Passt zu Pasta, Pizzabrot und Reisgerichten, verfeinert Kartoffel- und Gemüsepürees und passt hervorragend als Füllung für Nudelteig, wie Ravioli oder Cannelloni.

FENCHEL-ORANGEN-PESTO

Für 1 Glas à 250 ml

30 g Pinienkerne
1 kleine Fenchelknolle (ca. 120 g)
½ unbehandelte Orange
50 ml Olivenöl
½ TL Szechuanpfeffer
Salz
frisch gemahlener Pfeffer

Die Pinienkerne in einer Pfanne ohne Fettzugabe oder im Backofen anrösten und abkühlen lassen. Den Fenchel waschen und in Stücke schneiden. Die Orange waschen, trockentupfen, die Schale mit dem Sparschäler dünn abschälen und den Saft auspressen.

Fenchel, Orangenschale, -saft, Olivenöl, Pinienkerne und Szechuanpfeffer im Multizerkleinerer (Küchenmaschine mit Schneidmesser) häckseln und mischen. Dabei nach Bedarf die Zutaten immer wieder mit einem Gummispatel von den Seiten nach unten schieben. Zuletzt mit Salz und Pfeffer würzen.

Das fertige Pesto in ein sauberes Schraubglas füllen. Im Kühlschrank aufbewahren und innerhalb von 1 Woche verbrauchen.

KÜRBIS-KOKOS-PESTO

Für 1 Glas à 250 ml

2 EL Kokosraspel
100 g Hokkaido-Kürbis
1 Stück Ingwer (2 cm)
1 Knoblauchzehe
1 TL Chiliflocken
75 ml Olivenöl
Salz
frisch gemahlener Pfeffer

Die Kokosraspel bei mittlerer Temperatur in einer Pfanne ohne Fettzugabe anrösten und abkühlen lassen. Den Kürbis waschen, entkernen und in Stücke schneiden. Den Ingwer schälen und den Knoblauch abziehen. Beides zusammen mit dem Kürbis im Multizerkleinerer (Küchenmaschine mit Schneidmesser) häckseln und zerkleinern. Dabei nach Bedarf die Zutaten immer wieder mit einem Gummispatel von den Seiten nach unten schieben.

Die Kokosraspel, die Chiliflocken und das Öl zugeben, kurz intervallartig vermischen und alles zu einer Paste verarbeiten. Zuletzt mit Salz und Pfeffer würzen.

Das fertige Pesto in ein sauberes Schraubglas füllen, im Kühlschrank aufbewahren und innerhalb von 1 Woche verbrauchen.

SERVIEREMPFEHLUNG

Passt zu asiatischen Zubereitungen mit Glasnudeln, Tofu, Gemüse aus dem Wok, als Dip für Frühlings- oder Sommerrollen und als Brotaufstrich.

GLASNUDELSALAT MIT KÜRBIS-KOKOS-PESTO

Für 4 Personen
Zubereitungszeit: 20 Minuten

100 g Glasnudeln
50 g Zuckerschoten
3 Frühlingszwiebeln
3 EL Kürbis-Kokos-Pesto
1 Limette
Salz
frisch gemahlener Pfeffer

Die Glasnudeln in einer Schüssel mit kochendem Wasser übergießen und 5 Minuten einweichen. Die Zuckerschoten waschen, in Streifen schneiden und in kochendem Wasser 1 Minute garen. Anschließend abgießen und in Eiswasser abschrecken. Die Frühlingszwiebeln waschen, putzen und in dünne Scheiben schneiden. Die Glasnudeln ebenfalls abgießen, mit einer sauberen Küchenschere mehrmals zerschneiden.

Die Glasnudeln, die Zuckerschoten, die Frühlingszwiebeln und das Pesto in einer Schüssel vermengen. Den Saft der Limette dazupressen. Den Salat zuletzt mit Salz und Pfeffer würzen. In Schalen anrichten und servieren.

AUBERGINEN-PESTO

Für 1 Glas à 500 ml

1 Aubergine
100 ml Olivenöl
Salz
1 Knoblauchzehe
3 in Öl eingelegte getrocknete Tomatenfilets, abgetropft
etwas frisch gepresster Zitronensaft
30 g Sonnenblumenkerne
Salz
Cayennepfeffer

Die Aubergine waschen, schälen, halbieren und in Stücke schneiden. In einer Pfanne mit 3 EL Olivenöl beträufeln, salzen und 5 Minuten unter gelegentlichem Wenden garen. Im Anschluss abgedeckt 20 Minuten ziehen lassen.

Den Knoblauch abziehen. Die abgekühlten Auberginen mit dem übrigen Olivenöl, dem Knoblauch, den Tomatenfilets und einem Spritzer Zitronensaft im Multizerkleinerer (Küchenmaschine mit Schneidmesser) häckseln und zerkleinern. Dabei nach Bedarf die Zutaten immer wieder mit einem Gummispatel von den Seiten nach unten schieben. Die Sonnenblumenkerne hacken und zugeben. Zuletzt mit Salz und Cayennepfeffer würzen.

Das fertige Pesto in ein sauberes Schraubglas füllen, im Kühlschrank aufbewahren und innerhalb von 1 Woche verbrauchen.

SERVIEREMPFEHLUNG

Passt zu gegrilltem Fisch, Fleisch und Geflügel. Als Aufstrich mit Frischkäse oder als Topping für Ziegenfrischkäse und Feta. Als Brotaufstrich oder Pizzabelag in Kombination mit frischen Tomaten, Rucola und frischen roten Zwiebeln.

ZUCCHINI-PESTO

Für 1 Glas à 250 ml

30 g Pinienkerne
1 kleine Zucchini
1 TL getrockneter Thymian
½ TL Kurkumapulver
50 ml Olivenöl
Salz
frisch gemahlener Pfeffer
3 EL frisch geriebener Pecorino

Die Pinienkerne in einer Pfanne ohne Fettzugabe bei mittlerer Temperatur oder im Backofen anrösten und abkühlen lassen. Die Zucchini waschen, die Enden abschneiden und das Fruchtfleisch in Stücke schneiden. Im Multizerkleinerer (Küchenmaschine mit Schneidmesser) häckseln.

Die Pinienkerne, den Thymian, das Kurkumapulver und das Öl zugeben und alles zu einer Paste zerkleinern. Dabei nach Bedarf die Zutaten immer wieder mit einem Gummispatel von den Seiten nach unten schieben. Mit Salz und Pfeffer würzen und zuletzt den Pecorino unterheben.

Das fertige Pesto in ein sauberes Schraubglas füllen, im Kühlschrank aufbewahren und innerhalb von 1 Woche verbrauchen.

SERVIEREMPFEHLUNG

Passt zu Frisch- und Weichkäsen, Geflügel und Fisch. Als Aufstrich für Crostini oder Pizzabrot, als schnelle Pastasauce mit einer Kelle heißem Nudelwasser oder als Dip für Rohkost.

MAIS-KORIANDER-PESTO

Für 1 Glas à 250 ml

1 Bund Koriander
½ Bund Petersilie
1 Knoblauch
30 g ungesalzene, geröstete Erdnusskerne
50 ml Olivenöl
½ TL Chiliflocken
1 kleine Dose Zuckermais, abgetropft (ca. 80 g)
2 EL frisch geriebener Parmesan
Salz
frisch gemahlener Pfeffer

Den Koriander und die Petersilie waschen, trockentupfen und die Blätter samt Stielen grob schneiden. Den Knoblauch abziehen. Beides zusammen mit den Erdnüssen, dem Olivenöl und den Chiliflocken in einem hohen Gefäß fein pürieren.

Den Mais auf einem Schneidbrett klein hacken und unter die Mischung rühren. Den Käse unterheben. Zuletzt mit Salz und Pfeffer würzen.

Das fertige Pesto in ein sauberes Schraubglas füllen und im Kühlschrank aufbewahren. Innerhalb von 1 Woche verbrauchen.

SERVIEREMPFEHLUNG

Passt als Aufstrich bzw. Füllung für Tacos, Wraps, Sandwiches oder Burger. Auch für Baked Potatoes zusammen mit Sauerrahm sehr zu empfehlen.

KNUSPRIGE QUETSCH-KARTOFFELN MIT MAIS-KORIANDER-PESTO

Für 2 Personen
Zubereitungszeit: 45 Minuten

500 g kleine festkochende Kartoffeln
5–8 EL Olivenöl
Meersalzflocken
1 Glas Mais-Koriander-Pesto (250 ml)

Die ungeschälten Kartoffeln waschen und in einem Topf 20–25 Minuten garen. Danach abgießen und kurz abkühlen lassen. Den Backofen auf 220 °C Ober-/Unterhitze vorheizen.

Ein Backblech mit Backpapier auslegen, die Kartoffeln darauf verteilen und mit dem Boden eines Schraubglases oder etwas Ähnlichem platt drücken. Das Olivenöl über die Kartoffeln träufeln und mit Salz würzen. Im Backofen auf dem mittleren Einschub in etwa 15–20 Minuten knusprig und goldbraun backen. Die Kartoffeln heiß mit dem Pesto servieren.

SPARGEL-PESTO

Für 1 Glas à 300 ml

30 g Mandelblättchen
3 Stangen grüner Spargel
½ unbehandelte Orange
1 TL Koriandersaat
1 TL Szechuanpfeffer
50 ml Olivenöl
Chiliflocken
Salz
frisch gemahlener Pfeffer

Die Mandelblättchen in einer Pfanne bei mittlerer Temperatur goldbraun anrösten und abkühlen lassen. Den Spargel waschen, im unteren Drittel schälen und in Stücke schneiden. Die Orange waschen, trockentupfen und mit dem Sparschäler zwei breite Schalenstreifen abziehen. Die Orangenschale dann in dünne Streifen schneiden. Den Koriander mit dem Szechuanpfeffer im Mörser zerstoßen.

Alle vorbereiteten Zutaten zusammen mit dem Olivenöl in einem hohen Gefäß pürieren und mit Salz und Pfeffer würzig abschmecken.

Das fertige Pesto in ein sauberes Schraubglas füllen, im Kühlschrank aufbewahren und innerhalb von 1 Woche verbrauchen.

SERVIEREMPFEHLUNG

Passt zu Pasta und Reisgerichten, gebratenem Fisch und Geflügel. Als Aufstrich für geröstete Brote, Sandwiches oder Wraps. Eine tolle Ergänzung zu Eierspeisen und Salaten.

BROKKOLI-APFEL-PESTO

Für 1 Glas à 250 ml

ca. 100 g Brokkolistrunk und -röschen
50 g getrocknete Apfelringe
2 TL geschälte Hanfsamen
75 ml Olivenöl
etwas frisch gepresster Zitronensaft
Salz
frisch gemahlener Pfeffer

Den Brokkoli waschen, putzen, den Strunk schälen und alles in Stücke schneiden. Den Brokkoli, die Apfelringe und die Hanfsamen im Multizerkleinerer (Küchenmaschine mit Schneidmesser) häckseln. Dabei nach Bedarf die Zutaten immer wieder mit einem Gummispatel von den Seiten nach unten schieben. Das Öl und einen Spritzer Zitronensaft zugeben und zu einer Paste verarbeiten. Zuletzt mit Salz und Pfeffer würzen.

Das fertige Pesto in ein sauberes Schraubglas füllen. Im Kühlschrank aufbewahren und innerhalb von 2–3 Tagen verbrauchen.

Info

Roher Brokkoli wird nicht immer gut vertragen. Sie können in dem Fall den Brokkoli 1 Minute in kochendem Salzwasser blanchieren und in Eiswasser abschrecken. Gut abtropfen lassen. Dann beim Häckseln kürzere Intervalle wählen, damit das Pesto feinstückig bleibt.

SERVIEREMPFEHLUNG

Passt zu Quarkzubereitungen, als Dip oder Aufstrich für geröstetes Brot. Ideal zum Marinieren von kalten Fischsalaten.

GRÜNKOHL-PESTO

Für 1 Glas à 250 ml

1 Knoblauchzehe
50 g gehackte Haselnusskerne
80 ml Rapsöl
2–3 Blätter Grünkohl (ca. 80 g)
2 EL Rosinen
3 EL frisch geriebener Comté (Käsesorte)
Salz
frisch gemahlener Pfeffer

Den Knoblauch abziehen und mit den Haselnüssen in einer Pfanne in 2 EL Rapsöl braun anrösten. Die Mischung abkühlen lassen. Den Grünkohl gründlich waschen, trockentupfen und zerzupfen. Die festen Blattstiele aussortieren. Den Grünkohl mit den Haselnüssen, dem Knoblauch, dem gesamten Öl und den Rosinen in einem Multizerkleinerer (Küchenmaschine mit Schneidmesser) fein häckseln. Dabei nach Bedarf die Zutaten immer wieder mit einem Gummispatel von den Seiten nach unten schieben. Zuletzt den Käse unterheben und das Pesto mit Salz und Pfeffer würzen.

Das fertige Pesto in ein sauberes Schraubglas füllen, im Kühlschrank aufbewahren und innerhalb von 1 Woche verbrauchen.

SERVIEREMPFEHLUNG

Passt zu gesottenem Fleisch, wie Tafelspitz oder Rinderbrust, zu Wintersalaten mit fruchtigen Zutaten, wie Orangen, Mango oder Granatapfel. Als Brotaufstrich besonders gut zu dunklen Broten.

GERÖSTETE KAROTTEN MIT GRÜNKOHL-PESTO

Für 2–3 Personen
Zubereitungszeit: 30 Minuten

1 kg bunte Karotten (Bio-Qualität)
3 EL Olivenöl
1 TL Rohrohrzucker
Meersalzflocken
1 Glas Grünkohl-Pesto (250 ml)

Den Backofen auf 200 °C Ober-/Unterhitze vorheizen. Die Karotten gründlich waschen, putzen und längs vierteln. In einer Auflaufform mit dem Olivenöl, Zucker und etwas Salz mischen. Die Karotten im vorgeheizten Backofen auf dem mittleren Einschub 20 Minuten garen. Anschließend auf Teller verteilen, mit etwas Salz bestreuen und mit dem Grünkohl-Pesto beträufelt servieren.

ERBSEN-PESTO

Für 1 Glas à 250 ml

½ Bund glatte Petersilie
1 Knoblauchzehe
100 g TK-Erbsen, aufgetaut
30 ml Rapsöl
Salz
frisch gemahlener Pfeffer
etwas frisch gepresster Zitronensaft

Die Petersilie waschen, trockentupfen, die Blätter abzupfen, die Stiele hacken. Den Knoblauch abziehen.

Die Petersilie samt den gehackten Stielen, den Knoblauch und die Erbsen im Multizerkleinerer (Küchenmaschine mit Schneidmesser) häckseln. Das Öl zugeben und kurz untermixen. Dabei nach Bedarf die Zutaten immer wieder mit einem Gummispatel von den Seiten nach unten schieben. Mit Salz und Pfeffer und einem Spritzer Zitronensaft würzen.

Das fertige Pesto in ein sauberes Schraubglas füllen und im Kühlschrank aufbewahren. Innerhalb von 4–5 Tagen verbrauchen.

SERVIEREMPFEHLUNG

Passt zu Frühlingsgerichten mit Spargel, Karotten, Blattsalaten und Eierspeisen. Als Dip, Brotaufstrich oder zum Füllen von Nudelteig, wie Ravioli.

RAUCHIGES KAROTTEN-PESTO

Für 1 Glas à 250 ml

200 g Karotten mit Grün (Bio-Qualität)
1 kleine Knoblauchzehe
½ unbehandelte Zitrone
30 g Rauchmandelkerne
75 ml Olivenöl
Salz
frisch gemahlener Pfeffer

Die Karotten samt Grün waschen, beides klein schneiden. Den Knoblauch abziehen. Die Zitrone waschen, trockentupfen und die Schale fein abreiben.

Die vorbereiteten Zutaten zusammen mit den Rauchmandeln im Multizerkleinerer (Küchenmaschine mit Schneidmesser) häckseln. Dabei nach Bedarf die Zutaten immer wieder mit einem Gummispatel von den Seiten nach unten schieben. Das Öl zugeben und alles zu einer Paste verarbeiten. Zuletzt mit Salz und Pfeffer würzen.

Das fertige Pesto in ein sauberes Schraubglas füllen, im Kühlschrank aufbewahren und innerhalb von 1 Woche verbrauchen.

SERVIEREMPFEHLUNG

Passt zu Kurzgebratenem vom Rind, Geflügel oder Lamm. Zu frischen Fischfilets, wie Lachs oder Saibling, sowie geräucherten Fischen. Zudem als Aufstrich für Sandwiches, Wraps oder Brote.

FRISCHES TOMATEN-PESTO

Für 1 Glas à 300 ml

30 g gehackte Mandelkerne
4 Tomaten
½ Bund Koriander
2 Knoblauchzehen
1 TL flüssiger Honig
70 ml Olivenöl
30 g Pecorino, frisch gerieben
Salz
frisch gemahlener Pfeffer

Die Mandeln in einer Pfanne anrösten und abkühlen lassen. Die Tomaten waschen, den Blütenansatz herausschneiden, halbieren und auf der groben Seite der Küchenreibe raspeln. Die Schalenreste, die auf der Reibe übrigbleiben, aussortieren. Den Koriander waschen, trockentupfen und samt Stielen grob schneiden. Den Knoblauch abziehen und mit dem Koriander, Honig und Olivenöl pürieren. Tomaten, Mandeln und Pecorino zugeben und verrühren. Mit Salz und Pfeffer würzen.

Das Pesto in ein sauberes Schraubglas füllen. Im Kühlschrank aufbewahren und innerhalb von 3–4 Tagen verbrauchen.

SERVIEREMPFEHLUNG

Passt zu Grillfleisch, als Dip mit Brot oder als Marinade für Nudelsalat.

WÜRZIGES TOMATEN-PESTO

Für 1 Glas à 300 ml

50 g Pinienkerne
4 Zweige Thymian
2 Knoblauchzehen
30 g Manchego
100 g in Öl eingelegte getrocknete Tomaten, abgetropft
2 TL Kapern, abgetropft
120 ml Öl der eingelegten Tomaten (ersatzweise aufgefüllt mit Olivenöl)
2 TL Tomatenmark
Salz und frisch gemahlener Pfeffer

Die Pinienkerne in einer Pfanne anrösten und abkühlen lassen. Den Thymian waschen, trockentupfen und die Blätter abzupfen. Den Knoblauch abziehen. Den Manchego in Stücke schneiden und zusammen mit Thymian, Knoblauch, getrockneten Tomaten und Kapern im Multizerkleinerer häckseln. Dabei nach Bedarf die Zutaten immer wieder mit einem Gummispatel von den Seiten nach unten schieben.

Das Öl, das Tomatenmark und die Pinienkerne zugeben. Erneut zerkleinern und mischen. Zuletzt mit Salz und Pfeffer würzen.

Das Pesto in ein sauberes Schraubglas füllen. Im Kühlschrank aufbewahrt ist es 2–3 Wochen haltbar.

SERVIEREMPFEHLUNG

Passt zu dunklem Fleisch, wie Rind, Lamm oder Geflügel. Verfeinert Pasta, Risotto oder gefüllte Nudeltaschen. Zum Abrunden von Saucen, Salatsaucen und Dips.

PAPAS-ARRUGADAS – SPANISCHE SALZKARTOFFELN MIT DREI VERSCHIEDENEN PESTOS

Für 4 Personen
Zubereitungszeit: 40 Minuten

1 kg kleine festkochende Kartoffeln
2 EL grobes Meersalz
1 Glas Erbsen-Pesto (250 ml)
1 Glas Rauchiges Karotten-Pesto (250 ml)
1 Glas Würziges Tomaten-Pesto (300 ml)

Die ungeschälten Kartoffeln waschen und knapp mit Wasser bedecken. 1 EL Meersalz zufügen und 25 Minuten garen. Anschließend das Wasser bis auf einen kleinen Rest abgießen, Kartoffeln wieder aufstellen und offen verkochen lassen, bis die Schalen mit einer weißen Salzschicht überzogen sind. Die Kartoffeln mit den Pestos servieren.

Kartoffeln sind der ideale Begleiter für würzig-intensive Pestos, da sie mit vielen Aromen harmonieren.

Rauchiges
Karotten-Pesto
Würziges
Tomaten-Pesto
Erbsen-Pesto

KÜRBIS-SESAM-PESTO

Für 1 Glas à 300 ml

200 g Hokkaido-Kürbis
½ unbehandelte Orange
2 EL helle Sesamsaat
1 EL geröstetes Sesamöl
50 ml Rapsöl
2 EL fein geriebener Gruyère
Salz
frisch gemahlener Pfeffer

Den Kürbis waschen, entkernen und in Stücke schneiden. Die Orange waschen, die Schale fein abreiben und den Saft auspressen. Den Kürbis, die Orangenschale, den Sesam und beide Ölsorten im Multizerkleinerer (Küchenmaschine mit Schneidmesser) fein häckseln. Dabei nach Bedarf die Zutaten immer wieder mit einem Gummispatel von den Seiten nach unten schieben.

Den Orangensaft und Gruyère untermischen. Zuletzt mit Salz und Pfeffer würzen.

Das fertige Pesto in ein sauberes Schraubglas füllen. Im Kühlschrank aufbewahren und innerhalb von 1 Woche verbrauchen.

Info
Da der Hokkaido-Kürbis mit Schale verwendet werden kann, spart man sich hier die Zeit des Schälens. Dennoch sind auch andere Sorten, wie Muskat, Butternut oder Gelber Zentner, bestens geeignet.

SERVIEREMPFEHLUNG

Passt zu gebratenem Fisch und Geflügel sowie Tofu und Gemüsegerichten. Verfeinert frische Pasta oder kann als Aufstrich für Sandwiches und Wraps dienen.

ROSENKOHL-PISTAZIEN-PESTO

Für 1 Glas à 250 ml

250 g Rosenkohl
1 Zweig Rosmarin
30 g Pistazienkerne
Saft von ½ Zitrone
75 ml Olivenöl
Salz
frisch gemahlener Pfeffer
2 EL frisch geriebener Parmesan

Den Rosenkohl putzen, waschen und vierteln. Den Rosmarin waschen, trockentupfen und die Nadeln abzupfen. Den Rosenkohl mit Rosmarin, Pistazien, Zitronensaft und Olivenöl fein pürieren. Das Pesto mit Salz und Pfeffer würzen. Zuletzt den Parmesan unterrühren.

Das fertige Pesto in ein sauberes Schraubglas füllen. Im Kühlschrank aufbewahren und innerhalb von 3–4 Tagen verbrauchen.

SERVIEREMPFEHLUNG

Passt zu geröstetem Brot, verfeinert Kartoffelgerichte, ideal zum Dippen und für Brotzeit mit Käse und würzigem Schinken.

ROTE-BETE-HANF-PESTO

Für 1 Glas à 250 ml

200 g frische Rote Bete
1 Zweig Rosmarin
2 EL geschälte Hanfsamen
75 ml Olivenöl
Salz
frisch gemahlener Pfeffer

Die Rote Bete waschen, schälen und in Stücke schneiden. Den Rosmarin waschen, trockentupfen und die Nadeln abzupfen. Die Rote Bete, den Rosmarin, die Hanfsamen und das Olivenöl in einem hohen Gefäß oder im Multizerkleinerer (Küchenmaschine mit Schneidmesser) zerkleinern und mischen. Dabei nach Bedarf die Zutaten immer wieder mit einem Gummispatel von den Seiten nach unten schieben. Zuletzt mit Salz und Pfeffer würzen.

Das fertige Pesto in ein sauberes Glas füllen. Im Kühlschrank aufbewahren und innerhalb von 1 Woche aufbrauchen.

Info

Hanfsamen schmecken intensiv nussig, es gibt sie geschält oder ungeschält. Mit Schale geben sie jedem Gericht eine knackige Komponente. Da sie schnell ranzig werden können, am besten im Gefrierfach lagern.

SERVIEREMPFEHLUNG

Passt als Füllung bzw. Aufstrich zu Wraps, Burgern, Sandwiches und Broten. Zu dunklem Fleisch, sowohl kurz gebraten als auch geschmort. Ebenso als Dip für Rohkost zu verwenden.

VOLLKORNBROTE MIT MATJES UND ROTE-BETE-HANF-PESTO

Für 4 Personen
Zubereitungszeit: 15 Minuten

8 Scheiben Vollkornbrot
200 g Crème fraîche (alternativ Sauerrahm oder Frischkäse)
300 g Matjesfilets
1 Glas Rote-Bete-Hanf-Pesto (250 ml)
Salz
frisch gemahlener Pfeffer
2 Stängel Dill

Das Vollkornbrot mit Crème fraîche bestreichen. Den Matjes in Stücke schneiden und auf den Broten verteilen. Das Pesto darüberträufeln, mit Salz und Pfeffer würzen. Zuletzt den Dill waschen, trockentupfen und über die Brote zupfen. Frisch servieren.

AVOCADO-WALNUSS-PESTO

Für 1 Glas à 300 ml

½ Bund Dill
1 Avocado, Sorte Hass
1 Knoblauchzehe
1 unbehandelte Limette
30 g Walnusskerne
30 ml Olivenöl
Salz
frisch gemahlener Pfeffer

Den Dill waschen, trocken schütteln und die Blätter samt Stielen in grobe Stücke schneiden. Die Avocado halbieren, Stein entfernen und das Fruchtfleisch fein hacken. Den Knoblauch abziehen. Die Limette heiß waschen, trockentupfen, die Schale fein abreiben und den Saft auspressen.

Den Dill mit dem Knoblauch, dem Limettenabrieb, dem -saft, den Walnüssen und dem Olivenöl in ein hohes Gefäß geben. Fein pürieren und unter die Avocadostücke mischen. Mit Salz und Pfeffer würzen.

Das fertige Pesto in ein sauberes Schraubglas füllen. Im Kühlschrank aufbewahren und innerhalb von 1–2 Tagen verbrauchen.

SERVIEREMPFEHLUNG

Passt zu Spargel, Salaten, als Aufstrich bzw. zum Füllen für Tacos, Wraps, Sandwiches oder Burger.

PILZ-PESTO

Für 1 Glas à 250 ml

15 g getrocknete Steinpilze
5 Zweige Thymian
5 Stängel glatte Petersilie
1 Knoblauchzehe
50 g Rauchmandelkerne
100 ml Olivenöl
50 g frisch geriebener Pecorino
Salz
frisch gemahlener Pfeffer

Die Pilze in einer hitzebeständigen Schale mit 150 ml kochendem Wasser übergießen und 20 Minuten ziehen lassen.

Den Thymian und die Petersilie waschen, trockentupfen und die Blätter abzupfen. Den Knoblauch abziehen. Die Pilze abgießen und mit den Kräutern, den Mandeln und dem Knoblauch im Multizerkleinerer (Küchenmaschine mit Schneidmesser) häckseln. Das Öl zugeben und die Zutaten zu einem Pesto vermixen. Dabei nach Bedarf die Zutaten immer wieder mit einem Gummispatel von den Seiten nach unten schieben. Dann Pecorino unterheben. Zuletzt mit Salz und Pfeffer würzen.

Das fertige Pesto in ein sauberes Schraubglas füllen. Im Kühlschrank aufbewahren und innerhalb von 1 Woche verbrauchen.

SERVIEREMPFEHLUNG

Passt zu gebratenem oder geschmortem Fleisch, zu Gemüsesalaten, etwa mit Rote Bete oder Sellerie. Verfeinert Saucen oder Dips und Dressing.

GEWÜRZE

GOLDEN PESTO

Für 1 Glas à 200 ml

1 Stück Kurkumawurzel (ca. 2 cm)
30 g getrocknete Mango
20 g geröstete Sojakerne
20 g kandierter Ingwer, in Sirup eingelegt
2 Msp. Zimtpulver
frisch geriebene Muskatnuss
frisch gemahlener Pfeffer
100 ml Rapsöl
Saft von ½ Zitrone

Die Kurkumawurzel schälen und in Stücke schneiden. Zusammen mit der getrockneten Mango, den Sojakernen, dem Ingwer, dem Zimt sowie je 2 Prisen Muskat und Pfeffer im Multizerkleinerer (Küchenmaschine mit Schneidmesser) klein häckseln. Dabei nach Bedarf die Zutaten immer wieder mit einem Gummispatel von den Seiten nach unten schieben. Zuletzt das Öl und den Zitronensaft untermischen.

Das fertige Pesto in ein sauberes Schraubglas füllen. Im Kühlschrank aufbewahren und innerhalb von 1–2 Wochen verbrauchen.

SERVIEREMPFEHLUNG

Passt zu Tofu, Glasnudeln, verfeinert Dressings und Salatsaucen. Zum Füllen von Sommerrollen oder mit etwas Kokosmilch verdünnt als Dip. Ideal als Frühstücksaufstrich, für Quark- und Joghurtzubereitungen und zum Backen.

JOGHURT, GRANOLA UND GOLDEN PESTO

Für ca. 650 g
Zubereitungszeit: etwa 35 Minuten

Für das Granola
500 g feine Haferflocken
120 g Vitalkerne-Mischung
3 EL flüssiger Honig
6 EL neutrales Pflanzenöl

Zum Servieren pro Portion
etwa 200 g Naturjoghurt
1–2 EL Golden Pesto

Für das Granola den Backofen auf 180 °C Ober-/Unterhitze vorheizen. Die Haferflocken mit den Vitalkernen, dem Honig und dem Öl vermengen. Die Mischung auf einem Backblech oder in einer breiten Auflaufform verteilen und im vorgeheizten Backofen auf dem mittleren Einschub etwa 30 Minuten backen. Nach der Hälfte der Backzeit einmal wenden.

Das fertige Granola abkühlen lassen und in ein Vorratsglas füllen. Zum Frühstück mit Joghurt und Golden Pesto genießen.

TIPP

Die Haferflocken, die Kerne und der Honig im Granola können beliebig variiert werden. So entstehen immer wieder neue Mischungen.

GRÜNES PFEFFER-PESTO

Für 1 Glas à 200 ml

30 g Sonnenblumenkerne
1 Bund glatte Petersilie (ca. 50 g)
Saft von ½ Zitrone
75 ml Rapsöl
2 TL eingelegter grüner Pfeffer
1 TL Koriandersaat
2 Schoten Langer Pfeffer
2 EL frisch geriebener Parmesan
Salz

Die Sonnenblumenkerne in einer Pfanne ohne Fettzugabe anrösten. Anschließend abkühlen lassen und hacken.

Die Petersilie waschen, abtropfen lassen und grob zerzupfen. Die Petersilie mit dem Zitronensaft und dem Rapsöl in einem hohen Gefäß pürieren. Den grünen Pfeffer auf dem Schneidbrett mit der Messerklinge zunächst etwas zerdrücken, anschließend zwei- bis dreimal hacken.

Den Koriander und den Langen Pfeffer im Mörser zerstoßen. Die Gewürze, die Sonnenblumenkerne und den Parmesan unter die Petersilienpaste rühren. Zuletzt mit Salz würzen.

Das fertige Pesto in ein sauberes Schraubglas füllen. Im Kühlschrank aufbewahren und innerhalb von 1 Woche verbrauchen.

SERVIEREMPFEHLUNG

Passt zu dunklem Fleisch, wie Rind, Lamm oder Wild, zum Marinieren oder Verfeinern der Saucen. Ideal als Marinade für Gemüsesalate, insbesondere Rote Bete oder Kürbis.

FRUCHTIGES FIVE-SPICE-PESTO

Für 1 Glas à 200 ml

2 TL Five-Spice-Gewürz,
gemahlen oder grobstückig
40 g Pinienkerne
100 g Backpflaumen
100 ml Olivenöl
Salz
frisch gemahlener Pfeffer
Cayennepfeffer

Die Five-Spice-Gewürzmischung in einer Pfanne ohne Fettzugabe anrösten. Anschließend abkühlen lassen und im Mörser zerstoßen. Die Pinienkerne ebenfalls anrösten.

Die Backpflaumen mit den Pinienkernen, den Gewürzen und dem Olivenöl im Multizerkleinerer (Küchenmaschine mit Schneidmesser) häckseln. Dabei die Zutaten immer wieder mit einem Gummispatel von den Seiten nach unten schieben. Zuletzt mit Salz, Pfeffer und Cayennepfeffer würzen.

Das fertige Pesto in ein sauberes Schraubglas füllen. Im Kühlschrank aufbewahren und innerhalb von 2–3 Tagen verbrauchen.

TIPP

Je nachdem, wie stark die Backpflaumen getrocknet sind, verändert sich die Konsistenz des Pestos. Bei Bedarf mit etwas Orangensaft verflüssigen.

SERVIEREMPFEHLUNG

Passt zu gebratenem Fleisch und Tofu. Ideal für Zubereitungen mit intensiven Gemüsen, wie Grünkohl, Mangold, aber auch Chicorée oder Radicchio.

SENF-APRIKOSEN-PESTO

Für 1 Glas à 200 ml

30 g gehackte Mandelkerne
30 g gelbe Senfkörner
10 g schwarze Senfkörner
1 Orange
1 Zweig Rosmarin
50 g getrocknete Aprikosen
1 TL Ahornsirup
50 ml Olivenöl
Salz

Die Mandeln in einer Pfanne ohne Fettzugabe anrösten und abkühlen lassen. Die Senfkörner im Mörser zerstoßen. Den Saft der Orange auspressen. Den Rosmarin waschen, trockentupfen, die Nadeln abzupfen.

Die Mandeln, die Senfkörner, den Orangensaft, den Rosmarin, die Aprikosen, den Ahornsirup, 3 EL Wasser und das Olivenöl in einem hohen Gefäß pürieren. Zuletzt mit Salz würzen.

Das fertige Pesto in ein sauberes Schraubglas füllen. Im Kühlschrank aufbewahren und innerhalb von 1–2 Wochen verbrauchen.

SERVIEREMPFEHLUNG

Passt zu gebratenem Fleisch, Seitan und Tofu. Zum Marinieren von Fisch und Obst für den Grill und wird perfekt ergänzt mit gebratenem Bacon.

ROSEN-KARDAMOM-PESTO MIT BASILIKUM

Für 1 Glas à 200 ml

3 Kapseln grüner Kardamom
1 TL Zimtblüten (erhältlich z. B. im Biomarkt, Reformhaus)
2 EL getrocknete Rosenblütenblätter (erhältlich z. B. im Biomarkt, Reformhaus)
1 Topf Basilikum
40 g Nusskerne-Mischung
75 ml Olivenöl
Salz

Die Kardamomkapseln aufbrechen und die Samen herauslösen. Zusammen mit den Zimtblüten und Rosenblättern im Mörser zerstoßen. Das Basilikum waschen, trockentupfen und die Blätter abzupfen.

Das Basilikum, die Nusskerne-Mischung, 2 EL Wasser und das Olivenöl in einem hohen Gefäß pürieren. Anschließend die Gewürzmischung unterrühren. Zuletzt mit Salz würzen.

Das fertige Pesto in ein sauberes Schraubglas füllen. Im Kühlschrank aufbewahren und innerhalb von 1 Woche verbrauchen.

SERVIEREMPFEHLUNG

Passt zu Fisch, Seitan und Tofu, als Aufstrich für Crostini und dunkle Brotsorten, auch mit reichlich Nüssen und Kernen. Harmoniert außerdem perfekt mit Ziegenfrischkäse, Feta oder Burrata.

KARDAMOM-KAKAO-PESTO MIT SOJAKERNEN

Für 1 Glas à 200 ml

3 Kapseln grüner Kardamom
5 Stängel Thymian
1 unbehandelte Limette
50 g geröstete Sojakerne
2 EL Kakaonibs
2 TL Backkakao
80 ml Olivenöl
Salz
frisch gemahlener Pfeffer

Die Kardamomkapseln aufbrechen, die Samen herauslösen und im Mörser zerstoßen. Den Thymian waschen, trockentupfen und die Blätter abzupfen. Die Limette heiß waschen, trockentupfen und die Schale fein abreiben.

Den Kardamom, den Thymian, die Limettenschale, die Sojakerne, die Kakaonibs, den Backkakao und das Öl im Multizerkleinerer (Küchenmaschine mit Schneidmesser) vermixen. Dabei nach Bedarf die Zutaten immer wieder mit einem Gummispatel von den Seiten nach unten schieben. Zuletzt mit einem Spritzer Limettensaft, Salz und Pfeffer würzen.

Das fertige Pesto in ein sauberes Schraubglas füllen. Im Kühlschrank aufbewahren und innerhalb von 1–2 Wochen verbrauchen.

SERVIEREMPFEHLUNG

Passt zu Wild und Wildgeflügel, gebratener Leber und zu würzigen luftgetrockneten Schinken.

GEREIFTER CAMEMBERT MIT PUMPERNICKEL UND KARDAMOM-KAKAO-PESTO

Für 6 Personen
Zubereitungszeit: 10 Minuten

6 Scheiben Pumpernickel
1 gut gereifter Camembert (alternativ Taleggio, Reblochon oder Époisse)
1 Glas Kardamom-Kakao-Pesto (200 ml)
Sprossen nach Belieben

Die Pumpernickelscheiben mit dem Käse belegen und das Pesto darüberträufeln. Nach Belieben mit Sprossen bestreuen und servieren.

MASALA-PESTO

Für 1 Glas à 200 ml

30 g Pekannusskerne
3 TL Garam-Masala-Gewürzmischung
100 g getrocknete Aprikosen
2 TL getrocknete Minze
75 ml Olivenöl
Saft von ½ Orange
Salz
frisch gemahlener Pfeffer

Die Pekannusskerne grob hacken und zusammen mit der Masala-Gewürzmischung in einer Pfanne ohne Fettzugabe anrösten. Die Aprikosen mit der Minze in einem Multizerkleinerer (Küchenmaschine mit Schneidmesser) häckseln. Die Pekannuss-Gewürz-Mischung zugeben, das Öl aufgießen und zu einer Paste verarbeiten. Dabei nach Bedarf die Zutaten immer wieder mit einem Gummispatel von den Seiten nach unten schieben. Zuletzt mit dem Orangensaft und mit Salz und Pfeffer würzen.

Das fertige Pesto in ein sauberes Schraubglas füllen. Im Kühlschrank aufbewahren und innerhalb von 1 Woche verbrauchen.

SERVIEREMPFEHLUNG

Passt zu würzigem Salat mit Radicchio und Chicorée sowie Früchten. Ideal auch als Dip für Käse und zu gebratenem Fleisch oder Tofu.

CURRY-KORIANDER-PESTO

Für 1 Glas à 250 ml

40 g gehackte Mandelkerne
1 Bund Koriander
½ Bund glatte Petersilie
½ unbehandelte Limette
2 TL Currypulver
80 ml Olivenöl
Salz
frisch gemahlener Pfeffer

Die Mandeln in einer Pfanne ohne Fettzugabe anrösten und abkühlen lassen. Den Koriander und die Petersilie waschen, trockentupfen und beides zerzupfen. Die Limette heiß waschen und die Schale fein abreiben, den Saft auspressen.

Die Mandeln, die Kräuter, das Currypulver, die fein abgeriebene Limettenschale und den -saft sowie das Öl im Multizerkleinerer (Küchenmaschine mit Schneidmesser) fein häckseln. Dabei nach Bedarf die Zutaten immer wieder mit einem Gummispatel von den Seiten nach unten schieben. Zuletzt mit Salz und Pfeffer würzen.

Das fertige Pesto in ein sauberes Schraubglas füllen. Im Kühlschrank aufbewahren und innerhalb von 1 Woche verbrauchen.

SERVIEREMPFEHLUNG

Passt zu Fischgerichten, Zubereitungen im Wok, asiatischen Nudelgerichten und Satéspießen.

DUKKAH-PESTO

Für 1 Glas à 250 ml

30 g gehackte Haselnusskerne
2 EL helle Sesamsaat
½ TL Schwarzkümmelsamen
1 TL Kreuzkümmelsamen
3 Stängel glatte Petersilie
3 Stängel Minze
80 ml Olivenöl
½ TL Chiliflocken
½ TL Zimtpulver
1 entsteinte Dattel
Salz
frisch gemahlener Pfeffer

Die Haselnüsse grob hacken und zusammen mit dem Sesam, dem Schwarzkümmel und dem Kreuzkümmel in einer Pfanne ohne Fettzugabe anrösten. Anschließend abkühlen lassen. Die Petersilie und die Minze waschen, trockentupfen und die Blätter abzupfen.

Nach dem Abkühlen die Gewürze im Multizerkleinerer (Küchenmaschine mit Schneidmesser) mit dem Olivenöl, den Chiliflocken, dem Zimtpulver, der Dattel, der Minze und der Petersilie zu einem Pesto mixen. Dabei nach Bedarf die Zutaten immer wieder mit einem Gummispatel von den Seiten nach unten schieben. Zuletzt mit Salz und Pfeffer würzen.

Das fertige Pesto in ein sauberes Schraubglas füllen. Im Kühlschrank aufbewahren und innerhalb von 1–2 Wochen verbrauchen.

SERVIEREMPFEHLUNG

Passt zu Schmorgerichten und Gemüsetajines. Auch zum Füllen von Crêpes, insbesondere in Kombination mit Feta oder Ziegenfrischkäse.

ZATAR-PESTO

Für 1 Glas à 200 ml

25 g helle Sesamsaat
25 g gehackte Mandelkerne
4 Stängel Petersilie
2 TL getrockneter Thymian
1 TL getrockneter Oregano
2 TL Sumach (orientalisches Gewürz)
Saft von ½ Orange
60 ml Olivenöl
1 EL geröstetes Sesamöl
Salz
frisch gemahlener Pfeffer

Den Sesam und die Mandeln in einer Pfanne ohne Fettzugabe anrösten. Anschließend abkühlen lassen. Die Petersilie waschen, trockentupfen und samt Stielen zerzupfen.

Die Sesammischung mit der Petersilie, dem Thymian, dem Oregano, dem Sumach, Orangensaft, dem Oliven- und dem Sesamöl in einem hohen Gefäß mit dem Stabmixer fein pürieren. Zuletzt mit Salz und Pfeffer würzen.

Das fertige Pesto in ein sauberes Schraubglas füllen. Im Kühlschrank aufbewahren und innerhalb von 1 Woche verbrauchen.

SERVIEREMPFEHLUNG

Passt zu gegrilltem oder kurz gebratenem Fleisch und Fisch, zu Ofengemüse, Crostini oder als Brotaufstrich.

SÜSS-SCHARFES GEWÜRZ-PESTO

Für 1 Glas à 200 ml

50 g Cashewkerne
1 Stück Ingwer (2 cm)
1 Bund Koriander
3 entsteinte Datteln
1 TL Chiliflocken
Saft von ½ Limette
75 ml Olivenöl
Salz
frisch gemahlener Pfeffer

Die Cashewkerne in einer Pfanne anrösten, abkühlen lassen und klein hacken.

Den Ingwer schälen. Den Koriander waschen, trockentupfen und zerzupfen. Den Koriander zusammen mit den Datteln, dem Ingwer, den Chiliflocken, dem Limettensaft und dem Öl in ein hohes Gefäß geben. Mit dem Stabmixer pürieren. Dann die Cashewkerne untermischen. Zuletzt mit Salz und Pfeffer würzen.

Das fertige Pesto in ein sauberes Schraubglas füllen. Im Kühlschrank aufbewahren und innerhalb von 1 Woche verbrauchen.

SERVIEREMPFEHLUNG

Passt zu dunklem Fleisch, wie Rind, Lamm oder Wild. Als Dip für Käseplatten oder zum Marinieren von Feta, Frischkäse oder Mozzarella.

COUSCOUS-SALAT MIT SÜSS-SCHARFEM GEWÜRZ-PESTO

Für 4 Personen
Zubereitungszeit: 20 Minuten

200 g Instant-Vollkorncouscous
1 Salatgurke
½ Granatapfel
3–4 EL Süß-scharfes Gewürz-Pesto
Salz
frisch gemahlener Pfeffer
2 EL Weißweinessig
1 Bund Schnittlauch

Den Couscous in einer feuerfesten Schüssel mit 250 ml kochendem Wasser übergießen und 5 Minuten quellen lassen. Die Gurke waschen, längs halbieren und in Scheiben schneiden. Den Granatapfel aufbrechen und die Kerne auslösen.

Den Couscous mit einer Gabel auflockern. Die Gurken und das Pesto unter den Couscous mischen. Mit Salz, Pfeffer und dem Weißweinessig würzen. Den Schnittlauch waschen, trockentupfen und in feine Röllchen schneiden.

Kurz vor dem Servieren Granatapfelkerne und Schnittlauch untermischen. Den Salat in Schalen anrichten und servieren.

WASABI-MACADAMIA-PESTO

Für 1 Glas à 200 ml

1 Bund krause Petersilie (ca. 50 g)
50 g Macadamianusskerne
25 g Kürbiskerne
2 TL Wasabipaste
100 ml Olivenöl
Salz
1 TL Ahornsirup

Die Petersilie waschen, gut abtropfen lassen und die Blätter abzupfen. Die Stiele fein schneiden. Die Macadamianüsse und die Kürbiskerne grob hacken und in einer Pfanne ohne Fettzugabe anrösten. Anschließend abkühlen lassen.

Nach dem Abkühlen mit der Petersilie, der Wasabipaste und dem Olivenöl in einem hohen Gefäß pürieren. Zuletzt mit Salz und Ahornsirup würzen.

Das fertige Pesto in ein sauberes Schraubglas füllen. Im Kühlschrank aufbewahren und innerhalb von 3–4 Tagen verbrauchen.

SERVIEREMPFEHLUNG

Passt zu gebratenem Fisch, Gerichten mit Glasnudeln und Gemüse aus dem Wok. Verfeinert Sommerrollen und kann als Dip serviert werden.

BBQ-PESTO

Für 1 Glas à 300 ml

2 EL Kaffeebohnen
1 TL Kreuzkümmelsamen
4 Knoblauchzehen
6 Stängel Thymian
2 Zweige Rosmarin
10 getrocknete Tomatenfilets (trocken eingelegt)
2 TL Chiliflocken
2 TL Tomatenmark
4 EL Rosinen
150 ml Olivenöl
Salz
frisch gemahlener Pfeffer

Die Kaffeebohnen und den Kreuzkümmel im Mörser fein zerstoßen. Den Knoblauch abziehen. Den Thymian und Rosmarin waschen, trockentupfen und die Blätter bzw. Nadeln abzupfen.

Die Kräuter mit den Tomaten, der Kaffeebohnen-Kreuzkümmel-Mischung, dem Knoblauch, den Chiliflocken, dem Tomatenmark, den Rosinen, 4 EL Wasser und dem Olivenöl in einem Multizerkleinerer (Küchenmaschine mit Schneidmesser) häckseln. Dabei nach Bedarf die Zutaten immer wieder mit einem Gummispatel von den Seiten nach unten schieben. Zuletzt mit Salz und Pfeffer würzen.

Das fertige Pesto in ein sauberes Schraubglas füllen. Im Kühlschrank aufbewahren und innerhalb 1–2 Wochen verbrauchen.

SERVIEREMPFEHLUNG

Passt zu allen Gerichten vom Grill, insbesondere zu gut gereiften Fleischstücken. Mit etwas passierten Tomaten verrührt erhalten Sie eine ganz schnelle, aber umso leckerere BBQ-Sauce.

CAFÉ-DE-PARIS-PESTO

Für 1 Glas à 250 ml

2 Kapseln Kardamom
2 Knoblauchzehen
50 g gehackte Mandelkerne
100 ml Olivenöl
½ TL Kurkumapulver
1 TL Currypulver
1 TL Zimtpulver
1 TL rosa Pfefferbeeren
1 TL Tomatenmark
1 TL körniger Senf
Abrieb von ½ unbehandelten Zitrone
Abrieb von ½ unbehandelten Orange
Salz
frisch gemahlener Pfeffer
Cayennepfeffer

Die Kardamomkapseln aufbrechen, die Samen herauslösen und im Mörser zerstoßen. Den Knoblauch abziehen. Den Kardamom mit dem Knoblauch und den Mandeln in einer Pfanne in 2 EL Olivenöl anrösten. Anschließend zusammen mit den übrigen Gewürzen, dem Tomatenmark, dem Senf, Abrieb der Zitrone und Orange sowie dem restlichen Öl in ein hohes Gefäß geben. Mit dem Stabmixer zu einem Pesto mixen. Zuletzt mit etwas Salz, Pfeffer und Cayennepfeffer würzen.

Das fertige Pesto in ein sauberes Schraubglas füllen. Im Kühlschrank aufbewahren und innerhalb von 1–2 Wochen verbrauchen.

SERVIEREMPFEHLUNG

Passt zu Schmorbraten oder Eintöpfen mit Wintergemüse. Ideal auch zu würzigen Käsesorten, ebenso wie zu Ziegenfrischkäse oder Feta.

PAPRIKA-CURRY-PESTO

Für 1 Glas à 250 ml

30 g Sonnenblumenkerne
1 Knoblauchzehe
2 geröstete Paprikafilets aus dem Glas, abgetropft
2 TL Currypulver
Saft von ½ Limette
1 TL Ahornsirup
50 ml Olivenöl
Salz
frisch gemahlener Pfeffer
Cayennepfeffer

Die Sonnenblumenkerne in einer Pfanne ohne Fettzugabe anrösten und abkühlen lassen. Den Knoblauch abziehen. Beides mit den Paprikafilets, dem Currypulver, dem Limettensaft, dem Ahornsirup und dem Olivenöl pürieren. Zuletzt mit Salz, Pfeffer und Cayennepfeffer würzen.

Das fertige Pesto in ein sauberes Schraubglas füllen. Im Kühlschrank aufbewahren und innerhalb von 3–4 Tagen verbrauchen.

SERVIEREMPFEHLUNG

Passt zu Fisch und Geflügel, vom Grill oder aus der Pfanne und zu würzigem Käse. Kann als Brotaufstrich, Dip oder zum Verfeinern von Rahmsaucen verwendet werden.

AUS ALLER WELT

BALINESISCHES KRÄUTER-PESTO

Für 1 Glas à 200 ml

30 g Mandelblättchen
1 Bund Basilikum
½ unbehandelte Zitrone
1 Stück Ingwer (2 cm)
2 Knoblauchzehen
75 ml Olivenöl
Salz
frisch gemahlener Pfeffer
1 TL Chiliflocken

Die Mandelblättchen in einer Pfanne anrösten und abkühlen lassen. Das Basilikum waschen, abtropfen lassen und die Blätter abzupfen. Die Zitrone waschen, trockentupfen, die Schale fein abreiben. Den Ingwer schälen und den Knoblauch abziehen. Mandeln, Basilikum, Zitronenschale, Ingwer und Knoblauch in ein hohes Gefäß geben. Olivenöl angießen und zu einem Pesto pürieren. Mit Salz, Pfeffer, Chiliflocken und einem Spritzer Zitronensaft würzen.

Das Pesto in ein sauberes Schraubglas füllen. Im Kühlschrank aufbewahren und innerhalb von 1 Woche verbrauchen.

SERVIEREMPFEHLUNG

Passt zu Fischgerichten aus der Pfanne, dem Topf oder Backofen. Als würziger Dip für Sommerrollen, zum Füllen von Wraps oder Tacos und für kalt aufgeschnittene Braten.

GEBRATENE RIESENGARNELEN MIT BALINESISCHEM KRÄUTER-PESTO

Für 2 Personen
Zubereitungszeit: 10 Minuten

6–8 Riesengarnelen, ohne Kopf
1 mittelscharfe Chilischote
1 Zitronengrasstängel
1 Stück Ingwer (ca. 2 cm; Bio-Qualität)
2 EL Olivenöl
Salz
frisch gemahlener Pfeffer
2–3 EL Balinesisches Kräuter-Pesto

Die Garnelen schälen, den Darm entfernen und die Garnelen trockentupfen. Chili, Zitronengras und Ingwer waschen und in grobe Stücke schneiden. Das Olivenöl in einer Pfanne erhitzen. Die Garnelen mit den Aromaten darin 2–3 Minuten scharf anbraten. Mit Salz und Pfeffer würzen und mit dem Pesto beträufelt servieren. Dazu passt frisches Brot und ein Blattsalat.

JAPANISCHES BONITO-PESTO

Für 1 Glas à 200 ml

1 Stück Ingwer (2 cm)
2 EL helle Sesamsaat
20 g getrocknete Mango
40 g ungesalzene geröstete Erdnusskerne
2 EL Sojasauce
1 TL Ahornsirup
Saft von ½ Limette
50 ml Erdnussöl
2 EL geröstetes Sesamöl
2 EL Bonito-Flocken (getrockneter Thunfisch)

Den Ingwer schälen und zusammen mit dem Sesam, der Mango, den Erdnusskernen, der Sojasauce, dem Ahornsirup und dem Limettensaft in ein hohes Gefäß geben. Beide Ölsorten zugeben und mit dem Stabmixer pürieren. Zuletzt die Bonito-Flocken unterrühren.

Das Pesto in ein sauberes Schraubglas füllen. Im Kühlschrank aufbewahren und innerhalb von 1 Woche verbrauchen.

SERVIEREMPFEHLUNG

Passt zu gegrilltem, gebratenem und gedämpftem Fisch. Zu Sushireis-Zubereitungen, wie Sushi oder Onigiri, und Salaten oder Gerichten mit Glasnudeln.

ORIENTALISCHES PESTO

Für 1 Glas à 200 ml

1 TL Zimtblüten (erhältlich z. B. im Biomarkt, Reformhaus)
2 EL Sumach (orientalisches Gewürz)
2 TL getrockneter Thymian
75 g getrocknete Aprikosen
30 g helle Sesamsaat
50 ml Olivenöl
Salz
frisch gemahlener Pfeffer
2 EL frisch geriebener Pecorino

Die Zimtblüten im Mörser zerstoßen. Das Sumach mit dem Thymian, den Aprikosen, dem Sesam und den Zimtblüten im Multizerkleinerer (Küchenmaschine mit Schneidmesser) häckseln. Das Olivenöl und 3–4 EL Wasser zugeben und fein zerkleinern. Dabei nach Bedarf die Zutaten immer wieder mit einem Gummispatel von den Seiten nach unten schieben. Mit Salz und Pfeffer würzen. Zuletzt den Pecorino unterrühren.

Das fertige Pesto in ein sauberes Schraubglas füllen. Im Kühlschrank aufbewahren und innerhalb von 1–2 Wochen verbrauchen.

SERVIEREMPFEHLUNG

Passt zu Gemüsegerichten mit Tomaten, Auberginen, Paprika, Kürbis und Zwiebeln sowie zu Schmorgerichten mit Lamm, Rind- oder Wildfleisch.

JAPANISCHES MISO-PESTO

Für 1 Glas à 200 ml

20 g Cashewkerne
2 EL Sonnenblumenkerne
1 Bund glatte Petersilie
1 unbehandelte Limette
75 ml Erdnussöl
Salz
frisch gemahlener Pfeffer
2 TL Misopaste (erhältlich z. B. im Biomarkt, Asiamarkt)

Die Cashewkerne und die Sonnenblumenkerne hacken und in einer Pfanne ohne Fettzugabe anrösten. Zum Abkühlen in ein anderes Gefäß umfüllen. Die Petersilie waschen, trockentupfen und die Blätter abzupfen. Die Stiele fein schneiden. Die Limette heiß waschen, trockentupfen und die Schale fein abreiben. Den Saft auspressen.

Die Hälfte der Kernemischung, die vorbereiteten Kräuter, die Limettenschale, den -saft und das Öl im Multizerkleinerer (Küchenmaschine mit Schneidmesser) häckseln und fein zerkleinern. Dabei nach Bedarf die Zutaten immer wieder mit einem Gummispatel von den Seiten nach unten schieben. Dann die Miso-Paste und die übrige Kernemischung unterrühren. Zuletzt mit Salz und Pfeffer würzen.

Das fertige Pesto in ein sauberes Schraubglas füllen. Im Kühlschrank aufbewahren und innerhalb von 1 Woche verbrauchen.

SERVIEREMPFEHLUNG

Passt zu Fisch, entweder als Marinade oder zum Verfeinern nach dem Braten oder Dämpfen. Als Dressing für Kartoffelsalate mit asiatischer Note oder Glasnudeln. Einen Teil des Pestos mit etwas Gemüsebrühe verdünnen und als Dip für Sommerrollen reichen. Fein geraspelte Rohkostsalate lassen sich mit diesem Pesto marinieren.

MEXIKANISCHES PESTO

Für 1 Glas à 250 ml

1 Gemüsezwiebel
2 Knoblauchzehen
100 ml Olivenöl
1 Bund Koriander
2 EL Kakaonibs
2 TL Chiliflocken
1 TL getrockneter Oregano
½ TL Kreuzkümmelsamen
1 unbehandelte Limette
Salz
frisch gemahlener Pfeffer

Die Zwiebel und den Knoblauch abziehen, würfeln und in einer Pfanne in 3 EL Olivenöl in 10 Minuten braun braten. Zum Abkühlen in ein anderes Gefäß umfüllen. Den Koriander waschen, gründlich abtropfen lassen und zerzupfen.

Zusammen mit der Zwiebelmischung, den Kakaonibs, den Chiliflocken, dem Oregano und dem Kreuzkümmel in ein hohes Gefäß geben. Die Limette heiß waschen, trockentupfen und die Schale fein abreiben. Die Limettenschale und das übrige Öl hinzufügen und alle Zutaten fein pürieren. Mit Salz, Pfeffer und einem Spritzer Limettensaft würzen.

Das fertige Pesto in ein sauberes Schraubglas füllen. Im Kühlschrank aufbewahren und innerhalb von 1 Woche verbrauchen.

SERVIEREMPFEHLUNG

Passt zu gegrilltem Fisch, hellem und dunklem Fleisch, zu stärkehaltigen Gemüsesorten, wie Kürbis, Sellerie, Süßkartoffeln oder gegrillten Maiskolben. Auch als Brotaufstrich oder zur Zubereitung von Dips oder Saucen geeignet.

RADICCHIOSALAT MIT KAKI UND ARABISCHEM PESTO

Für 4 Personen
Zubereitungszeit: 15 Minuten

1 Kopf Radicchio
1 Kaki
2–3 EL Arabisches Pesto (siehe Seite 120)
Saft von 1 Mandarine
3 Stängel Koriander
Salz
frisch gemahlener Pfeffer

Den Radicchio waschen, trockentupfen und in Stücke schneiden. Die Kaki waschen, Blütenblätter entfernen und die Frucht würfeln. Beides mit dem Pesto und dem Saft der Mandarine mischen. Den Koriander waschen, trockentupfen und die Blätter über den Salat zupfen. Nach Belieben mit Salz und Pfeffer würzen.

RÖMERSALAT MIT CAJUN-NUSS-PESTO, TRAUBEN UND ZIEGENFRISCHKÄSE

Für 4 Personen
Zubereitungszeit: 15 Minuten

3 kleine oder 2 große Köpfe Römersalat
150 g blaue Trauben
3 EL Cajun-Nuss-Pesto (siehe Seite 121)
Saft von ½ Zitrone
100 g Ziegenfrischkäse

Den Salat waschen, trockentupfen und klein schneiden. Die Trauben waschen, entrappen und halbieren. Beides mit dem Pesto und dem Zitronensaft marinieren. Den Salat anrichten, den Ziegenfrischkäse zerzupfen und darüber verteilen.

ARABISCHES PESTO

Für 1 Glas à 200 ml

½ Zimtstange
3 Kapseln Kardamom
1 TL Zimtblüten (erhältlich z. B. im Biomarkt, Reformhaus)
1 TL schwarze Pfefferkörner
1 TL Kaffeebohnen
50 g Pinienkerne
je 2–3 Zweige Thymian und Rosmarin
1 kleine Knoblauchzehe
3 EL getrocknete blaue Weinbeeren
75 ml Olivenöl
frisch geriebene Muskatnuss
Salz

Die Zimtstange in kleine Stücke brechen. Die Kardamomkapseln aufbrechen und die Samen auslösen. Die Zimtstange, die Kardamomsamen, die Zimtblüten, die Pfefferkörner und die Kaffeebohnen im Mörser fein zerstoßen. Die Pinienkerne in einer Pfanne ohne Fettzugabe anrösten, anschließend abkühlen lassen. Den Thymian und Rosmarin waschen, trockentupfen und die Blätter bzw. Nadeln abzupfen. Den Knoblauch abziehen.

Die Gewürze, die Pinienkerne, die Kräuter, den Knoblauch und die Weinbeeren im Multizerkleinerer (Küchenmaschine mit Schneidmesser) häckseln. Das Öl zugeben und alles zu einer feinen Paste zerkleinern. Dabei nach Bedarf die Zutaten immer wieder mit einem Gummispatel von den Seiten nach unten schieben. Zuletzt mit Muskatnuss und Salz würzen.

Das fertige Pesto in ein sauberes Schraubglas füllen. Im Kühlschrank aufbewahren und innerhalb von 1–2 Wochen verbrauchen.

SERVIEREMPFEHLUNG

Passt zu Lamm, Rind- und Wildgerichten, würzigen Schinken oder Käsesorten. Zu Ziegenfrischkäse, Feta oder würzigen Salaten, wie Rucola, Radicchio oder Chicorée.

CAJUN-NUSS-PESTO

Für 1 Glas à 200 ml

50 g Nusskerne-Mischung
1 Bund Koriander
2 EL Cranberrys
1 TL geräuchertes Paprikapulver
½ TL Zimtpulver
1 TL Chiliflocken
75 ml Olivenöl
Salz
frisch gemahlener Pfeffer
Saft von ½ Limette

Die Nusskerne-Mischung grob hacken und in einer Pfanne anrösten. Anschließend abkühlen lassen. Den Koriander waschen, gut abtropfen lassen und grob zerzupfen. Anschließend mit den Nusskernen, den Cranberrys, dem Paprika- und dem Zimtpulver, den Chiliflocken und dem Olivenöl in einem hohen Gefäß fein pürieren. Zuletzt mit Salz, Pfeffer und dem Limettensaft abschmecken.

Das fertige Pesto in ein sauberes Schraubglas füllen. Im Kühlschrank aufbewahren und innerhalb von 1 Woche verbrauchen.

SERVIEREMPFEHLUNG

Passt als Füllung zu Wraps und Tacos, als Aufstrich für Burger, zum Verfeinern oder als Dip zu gegrilltem dunklem Fleisch, wie Rind, Lamm oder Wild. Auch zum Dippen für Rohkost und Sommerrollen.

THAI-PESTO

Für 1 Glas à 250 ml

1 Stück Ingwer (3 cm)
2 Knoblauchzehen
1 Bund Thai-Basilikum
Saft von 1 Limette
1 TL Chiliflocken
75 ml Olivenöl
1 EL Fischsauce
1 EL Sojasauce
50 g helle Sesamsaat

Den Ingwer und den Knoblauch schälen und in Scheiben schneiden. Das Basilikum waschen, trocken schütteln und die Blätter abzupfen. Die vorbereiteten Zutaten zusammen mit dem Limettensaft, den Chiliflocken und dem Olivenöl in einem hohen Gefäß pürieren. Mit Fischsauce und Sojasauce würzen. Zuletzt den Sesam unterrühren.

Das fertige Pesto in ein sauberes Schraubglas füllen. Im Kühlschrank aufbewahren und innerhalb von 1–2 Wochen verbrauchen.

SERVIEREMPFEHLUNG

Passt zu Tofu, Seitan, Geflügel oder Fischgerichten. Zu Sommerrollen und Glasnudeln, als Topping für asiatische Suppen. Als schnelle Sauce mit etwas heißer Kokosmilch verrühren.

FRANZÖSISCHES FISCH-DILL-PESTO

Für 1 Glas à 250 ml

30 g Pinienkerne
1 TL Anissamen
1 Bund Dill
4 Stängel Estragon
½ unbehandelte Zitrone
1 Knoblauchzehe
2 Msp. rosenscharfes Paprikapulver
50 ml Olivenöl
2 EL frisch geriebener Parmesan
Salz
frisch gemahlener Pfeffer

Die Pinienkerne in einer Pfanne bei mittlerer Temperatur ohne Fettzugabe anrösten, zuletzt die Anissamen noch mit in die Pfanne geben und ebenfalls kurz anrösten. Zum Abkühlen in ein anderes Gefäß umfüllen.

Den Dill und den Estragon waschen, trocken schütteln und die Blätter abzupfen. Die Zitrone heiß waschen, trockentupfen und die Schale mit einem Sparschäler dünn abziehen. Den Knoblauch abziehen. Die Kräuter zusammen mit der Zitronenschale, dem Knoblauch, den Anissamen, den Pinienkernen, dem Paprikapulver und dem Olivenöl in einem hohen Gefäß pürieren. Dann den Parmesan unterrühren. Zuletzt mit Salz und Pfeffer würzen.

Das fertige Pesto in ein sauberes Schraubglas füllen. Im Kühlschrank aufbewahren und innerhalb von 1 Woche verbrauchen.

SERVIEREMPFEHLUNG

Passt zu Fischgerichten, als Brotaufstrich, Dip, zu Kartoffeln, Eierspeisen und Topping für Crêpes. Mit etwas Frischkäse verrührt ist es ein schneller Dip. Auch Matjes lässt sich mit diesem Pesto und etwas klein geschnittener Zwiebel zu einem feinen Fischsalat verwandeln.

FRUCHTIGES

SOJA-ANANAS-PESTO

Für 1 Glas à 250 ml

1 Bund Koriander
1 TL Koriandersaat
50 g geröstete Sojakerne
50 g getrocknete Ananas
Saft von ½ Limette
80 ml Rapsöl
Salz
frisch gemahlener Pfeffer

Den Koriander waschen, trockentupfen und samt Stängeln zerzupfen. Die Koriandersaat im Mörser zerstoßen. Die Sojakerne, das Koriandergrün und die -saat, die getrocknete Ananas, den Limettensaft und das Öl in einen Multizerkleinerer (Küchenmaschine mit Schneidmesser) geben und zerkleinern. Dabei nach Bedarf die Zutaten immer wieder mit einem Gummispatel von den Seiten nach unten schieben. Zuletzt mit Salz und Pfeffer würzen.

Das fertige Pesto in ein sauberes Schraubglas füllen. Im Kühlschrank aufbewahren und innerhalb von 1–2 Wochen verbrauchen.

SERVIEREMPFEHLUNG

Passt zu gebratenem Fisch aus der Pfanne, zu Satéspießen und als Dressing für Salate mit knackigen Blättern. Dafür 1–2 EL Pesto mit 2–3 EL Gemüsebrühe und 1 EL Essig glatt rühren. Auch als Topping für gedämpften Basmatireis oder für Glasnudeln perfekt.

HÄHNCHEN-SATÉS MIT SOJA-ANANAS-PESTO

Für 4 Personen
Zubereitungszeit: 20 Minuten

600 g Hähnchenbrust
Salz
frisch gemahlener Pfeffer
2 EL Olivenöl
3 EL Sojasauce
2 TL flüssiger Honig
1 Glas Soja-Ananas-Pesto (250 ml)

Die Hähnchenbrust trockentupfen und in schmale Streifen schneiden. Das Fleisch auf Holzspieße stecken, mit Salz und Pfeffer würzen.

Das Olivenöl in einer Pfanne erhitzen und die Satéspieße darin von beiden Seiten etwa 1 Minute scharf anbraten. Die Sojasauce und den Honig zugeben, die Spieße darin wenden und die Flüssigkeit einkochen lassen. Die Satés mit dem Pesto servieren.

PFIRSICH-PESTO

Für 1 Glas à 200 ml

30 g gehackte Mandelkerne
1 TL Koriandersaat
4 Stängel glatte Petersilie
4 Stängel Zitronenmelisse
40 g getrocknete Pfirsichscheiben
70 ml Rapsöl
etwas frisch gepresster Zitronensaft

Die Mandeln in einer Pfanne anrösten und anschließend abkühlen lassen. Den Koriander im Mörser fein zerstoßen. Die Petersilie und die Zitronenmelisse waschen, trockentupfen und die Blätter abzupfen.

Die Kräuter und die Mandeln zusammen mit dem Koriander, den getrockneten Pfirsichen und dem Öl in einem hohen Gefäß pürieren. Mit einem Spritzer Zitronensaft würzen.

Das fertige Pesto in ein sauberes Schraubglas füllen. Im Kühlschrank aufbewahren und innerhalb von 1 Woche verbrauchen.

SERVIEREMPFEHLUNG

Passt zu Crêpes, Pfannkuchen und Pancakes, als fruchtiges Dressing für Blattsalate. Dafür mit etwas Gemüsebrühe und Weißweinessig verrühren. Als Füllung für süße Gebäcke aus Hefe-, Mürbe- oder Blätterteig.

HOLUNDERBEERE-TONKA-PESTO

Für 1 Glas à 200 ml

1 Bund Petersilie
4 Paranusskerne
½ Tonkabohne (erhältlich z. B. im Biomarkt), fein gerieben
50 g getrocknete Holunderbeeren
60 ml Rapsöl
Salz
frisch gemahlener Pfeffer
2 EL frisch geriebener Provolone (ersatzweise Parmesan)

Die Petersilie waschen, abtropfen lassen und die Blätter abzupfen. Die Stiele fein schneiden. Die Paranüsse hacken.

Die Petersilie mit den Paranüssen, der fein geriebenen Tonkabohne, den Holunderbeeren und dem Öl in einem hohen Gefäß fein pürieren. Mit Salz und Pfeffer würzen. Zuletzt den Provolone unterrühren.

Das fertige Pesto in ein sauberes Schraubglas füllen. Im Kühlschrank aufbewahren und innerhalb von 1 Woche verbrauchen.

TIPP

Anstelle der getrockneten Holunderbeeren schmecken auch klein gehackte getrocknete Cranberrys, Kirschen oder Aprikosen sehr gut.

SERVIEREMPFEHLUNG

Passt zu milden und würzigen Käsesorten, als Brotaufstrich, zu Ragouts aus Rind oder Lamm, zu Reisgerichten, vor allem mit Karotten und Brokkoli.

APFEL-ROSMARIN-PESTO

Für 1 Glas à 200 ml

2 Zweige Rosmarin
½ unbehandelte Zitrone
2 Sternanis
30 g helle Sesamsaat
40 g getrocknete Apfelringe
60 ml Olivenöl
2 EL Apfelsaft
Salz

Den Rosmarin waschen, trockentupfen und die Nadeln abzupfen. Die Zitrone heiß waschen, trockentupfen und die Schale fein abreiben. Den Sternanis in einem Mörser fein zerstoßen. Die Sesamsaat zugeben und nur leicht zerstoßen.

Die vorbereiteten Zutaten zusammen mit den Apfelringen, dem Olivenöl und dem Apfelsaft in einem Multizerkleinerer (Küchenmaschine mit Schneidmesser) häckseln und zu einer Paste verarbeiten. Dabei nach Bedarf die Zutaten immer wieder mit einem Gummispatel von den Seiten nach unten schieben. Zuletzt mit Salz und einem Spritzer Zitronensaft würzen.

Das fertige Pesto in ein sauberes Schraubglas füllen. Im Kühlschrank aufbewahren und innerhalb von 1 Woche verbrauchen.

SERVIEREMPFEHLUNG

Passt zu milden und würzigen Käsesorten, zu Risotto, als Füllung für Crêpes oder Pfannkuchen aus Buchweizen. Ebenso ideal als Topping für Geflügel aus dem Ofen oder vom Grill und zu Räucherfisch.

SCHARFES APRIKOSEN-PESTO

Für 1 Glas à 250 ml

½ Bund Minze
1 Stück Ingwer (2 cm)
30 g Erdnusskerne
75 g getrocknete Aprikosen
1 TL Chiliflocken
75 ml Rapsöl
etwas grüner Tabasco
Salz
frisch gemahlener Pfeffer
2 EL frisch geriebener Comté (Käsesorte)

Die Minze waschen, trockentupfen und die Blätter abzupfen. Den Ingwer schälen.

Die Minze, die Erdnüsse, den Ingwer, die Aprikosen, die Chiliflocken und das Öl in einem Multizerkleinerer (Küchenmaschine mit Schneidmesser) häckseln und zu einer Paste verarbeiten. Dabei nach Bedarf die Zutaten immer wieder mit einem Gummispatel von den Seiten nach unten schieben. Das Pesto mit einem Spritzer Tabasco, Salz und Pfeffer würzen. Zuletzt den Comté unterrühren.

Das fertige Pesto in ein sauberes Schraubglas füllen. Im Kühlschrank aufbewahren und innerhalb von 1 Woche verbrauchen.

SERVIEREMPFEHLUNG

Passt zu milden und würzigen Käsesorten, zu Fischgerichten, Gemüse vom Grill oder aus dem Backofen, als Dip für Sommerrollen und Rohkost.

KORIANDER-KIRSCH-PESTO

Für 1 Glas à 250 ml

1 Bund Koriandergrün
½ Bund Petersilie
30 g Cashewkerne
50 g getrocknete Kirschen
75 g Rapsöl
1 TL Hefeflocken (optional)
Salz
frisch gemahlener Pfeffer

Den Koriander und die Petersilie waschen, trockentupfen und zerzupfen. Die Cashewkerne fein hacken und in einer Pfanne anrösten. Die Kräuter mit den Kirschen und dem Öl in einem hohen Gefäß pürieren. Die Cashewkerne und nach Belieben die Hefeflocken unterrühren. Zuletzt mit Salz und Pfeffer würzen.

Das fertige Pesto in ein sauberes Schraubglas füllen. Im Kühlschrank aufbewahren und innerhalb von 1–2 Wochen verbrauchen.

SERVIEREMPFEHLUNG

Passt zu luftgetrocknetem Schinken, würzigem, gut gereiftem festen Schnittkäse, zu Feta und Oliven, dunklem Brot und Crostini.

ZIEGENFRISCHKÄSE-BÄLLCHEN MIT KORIANDER-KIRSCH-PESTO

Für 4 Personen
Zubereitungszeit: 10 Minuten

200 g Ziegenfrischkäse
Salzstangen
¾ Glas Koriander-Kirsch-Pesto (ca. 200 ml)

Aus dem Ziegenfrischkäse mit leicht angefeuchteten Händen kleine Bällchen formen. Diese mit Salzstangen und dem Pesto servieren. Eine tolle Vorspeise, die sich auch mit anderen fruchtigen Pestos wunderbar variieren lässt.

WÜRZIGES BIRNEN-SAFRAN-PESTO

Für 1 Glas à 200 ml

1 Zweig Rosmarin
80 g getrocknete Birnen
1 Döschen Safran
30 g gehackte Haselnusskerne
100 ml Rapsöl
1 EL frisch gepresster Zitronensaft
Salz
frisch gemahlener Pfeffer
1 EL Tête-de-Moine-Röschen (siehe Info)

Den Rosmarin waschen, trockentupfen, die Nadeln abzupfen. Die Birnen würfeln und zusammen mit dem Safran, den Haselnüssen, dem Rosmarin, 50 ml Wasser, dem Öl und dem Zitronensaft in einem hohen Gefäß pürieren. Mit Salz und Pfeffer würzen. Zuletzt den Tête de Moine unterrühren.

Das fertige Pesto in ein sauberes Schraubglas füllen. Im Kühlschrank aufbewahren und innerhalb von 1–2 Wochen verbrauchen.

Info

Tête de Moine, auch Mönchskopfkäse genannt, ist ein Halbhartkäse aus der Schweiz. Er wird mit einem speziellen Hobel in dünnen Röschen vom runden Käselaib geschabt. Der intensiv würzige Geschmack gibt dem Pesto ein ebenso intensives Aroma. Alternativ eignen sich auch Provolone oder Pecorino.

SERVIEREMPFEHLUNG

Passt zu Crêpes und Pfannkuchen, besonders aus Buchweizen oder Vollkornmehl. Ideal in Kombination mit Blattsalaten, geräuchertem Fisch oder zu Käseplatten.

BIRNEN-SALBEI-PESTO

Für 1 Glas à 250 ml

40 g Pinienkerne
6–8 Blätter Salbei
75 ml Rapsöl
½ Vanilleschote
½ unbehandelte Zitrone
70 g getrocknete Birnen
Salz
frisch gemahlener Pfeffer
2 EL frisch geriebener Comté (Käsesorte)

Die Pinienkerne in einer Pfanne ohne Fettzugabe oder im Backofen anrösten, anschließend abkühlen lassen. Den Salbei im Öl in einer Pfanne kurz anrösten. Dann in ein anderes Gefäß umfüllen und abkühlen lassen.

Die Vanilleschote längs aufschneiden, das Mark auskratzen. Die Zitrone heiß waschen, trockentupfen und die Schale abreiben. Nun die Birnen in den Multizerkleinerer (Küchenmaschine mit Schneidmesser) geben. Die Pinienkerne, das Salbeiöl, die Zitronenschale und das Vanillemark zufügen und pürieren. Dabei nach Bedarf die Zutaten immer wieder mit einem Gummispatel von den Seiten nach unten schieben. Mit Salz und Pfeffer würzen. Zuletzt den Käse untermischen.

Das fertige Pesto in ein sauberes Schraubglas füllen. Im Kühlschrank aufbewahren und innerhalb von 1–2 Wochen verbrauchen.

SERVIEREMPFEHLUNG

Passt zu milden und würzigen Käsesorten, Pastasorten mit gutem Biss, wie Orecchiette oder Trofie, als Aufstrich für geröstete Brote und zum Dippen mit Rohkost.

ARONIA-PFEFFER-PESTO

Für 1 Glas à 250 ml

30 g Walnusskerne
5 Stängel glatte Petersilie
5 Stängel Minze
30 g getrocknete Aroniabeeren
75 ml Rapsöl
½ TL eingelegter grüne Pfefferbeeren
1 TL rosa Pfefferbeeren
Salz

Die Walnusskerne grob hacken und in einer Pfanne ohne Fettzugabe anrösten. Die Petersilie und die Minze waschen, trockentupfen und die Blätter abzupfen.

Die Walnüsse, die Kräuter und die Aroniabeeren im Multizerkleinerer (Küchenmaschine mit Schneidmesser) mixen. Das Öl zugeben und alles zu einer Paste zerkleinern und mischen. Dabei nach Bedarf die Zutaten immer wieder mit einem Gummispatel von den Seiten nach unten schieben.

Die grünen und rosa Pfefferbeeren auf einem Schneidbrett mit dem Messer zerdrücken und zwei- bis dreimal hacken. Zum Pesto geben und mit Salz würzen.

Das fertige Pesto in ein sauberes Schraubglas füllen. Im Kühlschrank aufbewahren und innerhalb von 1 Woche verbrauchen.

SERVIEREMPFEHLUNG

Passt zu dunklen Fleischsorten, wie Rind, Lamm und Wild. Vor allem kurz und scharf angebratene Stücke, wie Steaks, Flat Iron, Rücken oder Filet, eignen sich hervorragend. Dazu einen Blattsalat servieren. Auch zum Verfeinern von Kartoffelpüree oder Mayonnaise ideal.

INGWER-NUSS-PESTO MIT SCHWARZKÜMMEL

Für 1 Glas à 300 ml

60 g geschälte Haselnusskerne
½ Bund Thymian
75 g kandierter Ingwer, in Sirup eingelegt
75 ml Rapsöl
1 TL Schwarzkümmelsamen
Salz

Die Haselnüsse grob hacken und in einer Pfanne ohne Fettzugabe anrösten. Den Thymian waschen, trockentupfen und die Blätter abzupfen. Beides zusammen mit dem Ingwer, dem Öl und 2 EL des Ingwersirups im Multizerkleinerer (Küchenmaschine mit Schneidmesser) zerkleinern. Dabei nach Bedarf die Zutaten immer wieder mit einem Gummispatel von den Seiten nach unten schieben. Zuletzt den Schwarzkümmel zugeben und mit Salz würzen.

Das fertige Pesto in ein sauberes Schraubglas füllen. Im Kühlschrank aufbewahren und innerhalb von 1–2 Wochen verbrauchen.

SERVIEREMPFEHLUNG

Zum Würzen von gebratenem Kürbis, Karotten oder Pilzen. Für gemischte Käseplatten, mit milden und würzigen Sorten. Als Brotaufstrich, insbesondere für dunkle Brote mit Samen und Kernen. Ergänzt zudem gebratenes Fleisch oder geschmorte Bratenstücke schnell und unkompliziert.

PEKAN-MANGO-PESTO

Für 1 Glas à 250 ml

30 g Pekannusskerne
1 Zweig Rosmarin
30 g getrocknete Mangostücke
2 TL gelbe Senfsaat
70 ml Rapsöl
Salz
frisch gemahlener Pfeffer
2–3 EL frisch geriebener Provolone

Die Pekannüsse grob hacken und in einer Pfanne anrösten. Den Rosmarin waschen, trockentupfen, die Nadeln abzupfen und hacken. Die Pekannüsse mit den Mangostücken, dem Rosmarin, der Senfsaat und dem Öl in einem hohen Gefäß pürieren. Mit Salz und Pfeffer würzen. Zuletzt den Provolone unterrühren.

Das fertige Pesto in ein sauberes Schraubglas füllen. Im Kühlschrank aufbewahren und innerhalb von 1–2 Wochen verbrauchen.

SERVIEREMPFEHLUNG

Passt zu asiatischen Zubereitungen mit Glasnudeln, Basmatireis oder Tofu. Als Dip für Spargel oder gedünstete junge Karotten, zum Würzen von Kartoffeln oder Kürbis.

MANCHEGO MIT PEKAN-MANGO-PESTO

Für 4 Personen

200 g Manchego
2–3 EL Pekan-Mango-Pesto
1 Kopf Römersalat
1 Schale Kresse

Den Manchego in Stücke brechen, die Rinde dabei entfernen. Den Käse mit dem Pekan-Mango-Pesto vermischen und in ein Schraubglas füllen. Den Käse über Nacht durchziehen lassen. Mit Salat und Kresse servieren.

Noch schneller gehts, wenn Sie den Käse mit dem Pesto zum Dippen servieren. Auch Hartkäse, wie Parmesan und Pecorino, passen geschmacklich hervorragend zu diesem fruchtigen Pesto.

WÜRZIGES BACON-PESTO

Für 1 Glas à 250 ml

100 g Bacon am Stück oder in Scheiben (Frühstücksspeck)
50 ml Olivenöl
1 Knoblauchzehe
6 Stängel Thymian
½ TL getrocknete schwarze Pfefferkörner
50 g getrocknete Mangostücke
½ Bund Schnittlauch
2–3 EL frisch geriebener Parmesan
Salz

Den Bacon würfeln und in 2 EL Olivenöl in einer Pfanne knusprig und kross anbraten. Anschließend abkühlen lassen. Den Knoblauch abziehen. Den Thymian waschen, trockentupfen und die Blätter abzupfen. Den Pfeffer im Mörser zerstoßen.

Die vorbereiteten Zutaten mit dem abgekühlten Bacon, den Mangostücken und dem übrigen Öl im Multizerkleinerer (Küchenmaschine mit Schneidmesser) häckseln und mischen. Dabei nach Bedarf die Zutaten immer wieder mit einem Gummispatel von den Seiten nach unten schieben.

Den Schnittlauch waschen, trockentupfen und in feine Röllchen schneiden. Zusammen mit dem Parmesan unter das Pesto rühren. Zuletzt mit Salz würzen.

Das fertige Pesto in ein sauberes Schraubglas füllen. Im Kühlschrank aufbewahren und innerhalb von 1–2 Wochen verbrauchen.

TIPP

Das Bacon-Pesto vor dem Servieren etwa 30 Minuten bei Zimmertemperatur stehen lassen.

SERVIEREMPFEHLUNG

Passt zu milden bis würzigen Käsesorten, zu Pasta, Raclette oder Fondue. Mit Frischkäse verrührt als würziger Aufstrich oder als Sauce zu Burgern oder Fleisch vom Grill.

BIRNEN-LEBKUCHEN-PESTO

Für 1 Glas à 250 ml

40 g gehackte Mandelkerne
50 g getrocknete Birnen
80 ml Rapsöl
2 TL Lebkuchengewürz
Salz
frisch gemahlener Pfeffer

Die Mandeln in einer Pfanne ohne Fettzugabe anrösten und abkühlen lassen. Die Birnen würfeln. Beides zusammen mit dem Öl und dem Lebkuchengewürz in ein hohes Gefäß geben und pürieren. Zuletzt mit Salz und Pfeffer würzen.

Das Pesto in ein sauberes Schraubglas füllen. Im Kühlschrank aufbewahren und innerhalb von 1–2 Wochen verbrauchen.

Info
Sind die Birnen besonders hart, können Sie sie vor dem Zerkleinern etwa 15 Minuten in heißem Wasser einweichen. Anschließend abgießen und wie beschrieben verwenden.

SERVIEREMPFEHLUNG

Passt zu milden und würzigen Käsesorten, zum Füllen von Pfannkuchen, als Topping für Schichtdesserts, zum Beispiel mit Quark, Mascarpone oder Joghurt. Für Milchreis oder Grießflammeri.

PESTO AMALFI

Für 1 Glas à 300 ml

30 g Walnusskerne
3 Wacholderbeeren
1 Cedri-Zitrone (Zitronatzitrone)
2 TL getrocknete Minze
1 TL flüssiger Honig
75 ml Olivenöl
2–3 EL frisch geriebener Parmesan
Salz
frisch gemahlener Pfeffer

Die Walnusskerne klein hacken und in einer Pfanne ohne Fettzugabe anrösten. Den Wacholder im Mörser fein zerstoßen. Die Zitrone waschen und in Stücke schneiden. In einem Multizerkleinerer (Küchenmaschine mit Schneidmesser) häckseln. Die Minze, die Walnusskerne, den Honig und den Wacholder zu den Zitronen geben. Mit dem Olivenöl aufgießen, den Parmesan zugeben und kurz vermischen. Nach Bedarf die Zutaten immer wieder mit einem Gummispatel von den Seiten nach unten schieben. Zuletzt mit Salz und Pfeffer würzen.

Das fertige Pesto in ein sauberes Schraubglas füllen. Im Kühlschrank aufbewahren und innerhalb von 1 Woche verbrauchen.

SERVIEREMPFEHLUNG

Passt zu Fischgerichten aus der Pfanne, aus dem Ofen oder vom Grill. Als Marinade zu Mozzarella, Feta oder Ricotta und natürlich auch als schnelle Pastasauce und zu Risotto.

GRANATAPFEL-PESTO

Für 1 Glas à 300 ml

½ Granatapfel
1 Bund Schnittlauch
1 TL Koriandersaat
30 g Erdnusskerne
75 ml Olivenöl
Salz
frisch gemahlener Pfeffer
1 EL Sojasauce

Die Kerne des Granatapfels auslösen. Den Schnittlauch waschen, trockentupfen und fein schneiden. Den Koriander im Mörser zerstoßen, die Erdnüsse zugeben und ebenfalls zerkleinern. Die Koriander-Erdnuss-Mischung mit den Granatapfelkernen, dem Schnittlauch und dem Olivenöl mischen. Zuletzt mit Salz, Pfeffer und Sojasauce würzen.

Das fertige Pesto in ein sauberes Schraubglas füllen. Im Kühlschrank aufbewahren und innerhalb von 3–4 Tagen verbrauchen.

SERVIEREMPFEHLUNG

Passt zu geschmorten oder gebratenen dunklen Fleischsorten, wie Rind, Lamm oder Wild. Zu würzigen Käsesorten sowie würzigen Broten.

EARL-GREY-PFLAUMEN-PESTO

Für 1 Glas à 250 ml

35 g Pinienkerne
2 Kapseln Kardamom
2 TL loser Earl-Grey-Schwarztee
80 g getrocknete Pflaumen
70 ml Rapsöl
½ unbehandelte Orange
Salz

Die Pinienkerne in einer Pfanne ohne Fettzugabe oder im Backofen anrösten, anschließend abkühlen lassen. Die Kardamomkapseln aufbrechen und die Samen auslösen. Die Kardamomsamen und den Schwarztee im Mörser fein zerstoßen. Die Mischung durch ein Sieb streichen. Die Reste erneut mörsern und sieben.

Die Kardamom-Tee-Mischung zusammen mit den Pinienkernen und den Pflaumen in ein hohes Gefäß geben, das Öl aufgießen und die Zutaten pürieren. Die Orange heiß waschen, trockentupfen, die Schale fein abreiben und den Saft auspressen. Schale und Saft zum Pesto geben. Zuletzt mit 1 Prise Salz würzen.

Das fertige Pesto in ein sauberes Schraubglas füllen. Im Kühlschrank aufbewahren und innerhalb von 1–2 Wochen verbrauchen.

SERVIEREMPFEHLUNG

Passt zu Schichtdesserts mit Quark, Mascarpone oder Joghurt. Als Füllung für Crêpes, Pfannkuchen oder Hefegebäcke. Auch als Frühstücksaufstrich oder zu würzigem Käse ideal.

HEFESCHNECKEN MIT EARL-GREY-PFLAUMEN-PESTO

Für 24 kleine Hefeschnecken
Zubereitungszeit: 30 Minuten plus Gehzeit etwa 1 Stunde
Backzeit: etwa 25 Minuten

200 g Weizenmehl Type 405
plus mehr zum Bearbeiten
2 TL Trockenhefe
2 EL Rohrohrzucker
Salz
100 ml lauwarme Milch
30 g weiche Butter plus etwas mehr für die Form
1 Eigelb
1 Glas Earl-Grey-Pflaumen-Pesto (250 ml)

Das Mehl mit der Trockenhefe, dem Rohrohrzucker und 1 Prise Salz Salz in einer Schüssel mischen. Die lauwarme Milch, die Butter und das Eigelb zugeben und alles zu einem glatten, geschmeidigen Teig verkneten. Diesen abgedeckt 40 Minuten bei Zimmertemperatur gehen lassen.

Den aufgegangenen Teig auf der leicht bemehlten Arbeitsfläche zu einem Rechteck (etwa 35 x 20 cm) ausrollen. Das Pesto gleichmäßig darauf verstreichen und den Teig von der langen Seite her aufrollen. Mit einem scharfen Messer in 24 Scheiben schneiden.

Ein Muffinblech einfetten und die Rollen hineinlegen. Die Schnecken abgedeckt 20 Minuten gehen lassen. Die Hefeschnecken im vorgeheizten Backofen bei 180 °C Ober-/Unterhitze auf dem mittleren Einschub etwa 20–25 Minuten backen. Anschließend ofenwarm servieren.

SCHARFES SAUERKIRSCH-PESTO

Für 1 Glas à 250 ml

2 Kapseln Kardamom
1 EL helle Sesamsaat
30 g Sonnenblumenkerne
50 g getrocknete Sauerkirschen
½ TL gemahlener Ingwer
1 TL Harissa-Paste
100 ml Rapsöl
2–3 EL frisch geriebener Comté (Käsesorte)
Salz
frisch gemahlener Pfeffer

Die Kardamomkapseln aufbrechen, die Samen auslösen und zusammen mit dem Sesam im Mörser zerstoßen. Die Sonnenblumenkerne in einer Pfanne ohne Fettzugabe anrösten, anschließend abkühlen lassen und hacken.

Die Kardamom-Sesam-Mischung mit den Kirschen, dem Ingwer, der Harissa-Paste und dem Öl fein pürieren. Dann die Sonnenblumenkerne und den Comté unterrühren. Zuletzt mit Salz und Pfeffer würzen.

Das fertige Pesto in ein sauberes Schraubglas füllen. Im Kühlschrank aufbewahren und innerhalb von 1–2 Wochen verbrauchen.

SERVIEREMPFEHLUNG

Passt zu Grillfleisch von Rind, Lamm oder Schwein. Als Dip zu milden bis würzigen Käsesorten, ebenso wie Terrinen, gebratener Leber und Fleischragouts. Für eine besondere Note auch im Rotkohl ideal.

CRANBERRY-KÜRBISKERN-PESTO MIT BELPER-KNOLLE

Für 1 Glas à 250 ml

30 g Kürbiskerne
½ Bund Petersilie
1 Zweig Rosmarin
30 g getrocknete Cranberrys
75 ml Rapsöl
Salz
frisch gemahlener Pfeffer
2 EL frisch geriebene Belper-Knolle (Käsesorte)

Die Kürbiskerne in einer Pfanne ohne Fettzugabe anrösten, anschließend abkühlen lassen. Die Petersilie und den Rosmarin waschen, trockentupfen, die Blätter bzw. Nadeln abzupfen, die Stiele der Petersilie sehr fein schneiden.

Die Kürbiskerne, die Petersilie, den Rosmarin, die Cranberrys und das Öl in einem Multizerkleinerer (Küchenmaschine mit Schneidmesser) fein pürieren. Dabei nach Bedarf die Zutaten immer wieder mit einem Gummispatel von den Seiten nach unten schieben. Zuletzt mit Salz, Pfeffer würzen und den Käse unterrühren.

Das fertige Pesto in ein sauberes Schraubglas füllen. Im Kühlschrank aufbewahren und innerhalb von 1–2 Wochen verbrauchen.

Info
Die Belper-Knolle ist ein Rohmilchkäse aus der Schweiz, aus einem Ort namens Belp im Berner Land. Die Belper-Knolle wird in einem Stoffsäckchen verpackt und mit einem goldenen Bändchen verschlossen. Daran erkennt man die gut gereifte Kugel aus Hartkäse. Die äußere Schicht erinnert optisch an Trüffel bzw. Kartoffeln, geschmacklich ist sie ein würziger, leicht säuerlicher Käse mit Kräuteraromen.

SERVIEREMPFEHLUNG

Passt zu ganzem Geflügel aus dem Backofen, wie Brathähnchen, Ente oder Gans. Auch kurz gebratene Hähnchenbrust oder diese kalt aufgeschnitten sind gute Begleiter. Das Pesto kann ebenso zu Weichkäse, dunklem Brot, Nüssen und Oliven gereicht werden.

GOJI-KORIANDER-PESTO

Für 1 Glas à 250 ml

1 Bund Koriander
4 Stängel glatte Petersilie
30 g Pekannusskerne
40 g Gojibeeren
50 ml Rapsöl
25 ml Zitronenöl
Salz
frisch gemahlener Pfeffer

Den Koriander und die Petersilie waschen, trockentupfen und zerzupfen. Die Kräuter mit den Pekannüssen, den Gojibeeren und dem Rapsöl im Multizerkleinerer (Küchenmaschine mit Schneidmesser) häckseln und vermischen. Dabei nach Bedarf die Zutaten immer wieder mit einem Gummispatel von den Seiten nach unten schieben. Zuletzt das Zitronenöl unterrühren und mit Salz und Pfeffer würzen.

Das fertige Pesto in ein sauberes Schraubglas füllen. Im Kühlschrank aufbewahren und innerhalb von 1–2 Wochen verbrauchen.

SERVIEREMPFEHLUNG

Passt zu Fischgerichten, ob aus der Pfanne, vom Grill oder aus dem Backofen. Für asiatische Zubereitungen mit Glasnudeln, zum Marinieren von Tofu, als Dip für würzige Hartkäse.

TRAUBENKERN-MINZ-PESTO

Für 1 Glas à 200 ml

50 g gehackte Mandelkerne
1 Bund Minze
½ unbehandelte Orange
1 TL flüssiger Honig
30 g getrocknete blaue Trauben
50 ml Traubenkernöl
Salz

Die Mandelkerne hacken und in einer Pfanne ohne Fettzugabe anrösten. Die Minze waschen, trockentupfen und die Blätter abzupfen. Die Orange waschen, trockentupfen, die Schale fein abreiben, den Saft auspressen.

Die vorbereiteten Zutaten zusammen mit dem Honig und den getrockneten blauen Trauben im Multizerkleinerer (Küchenmaschine mit Schneidmesser) häckseln und mischen. Dabei nach Bedarf die Zutaten immer wieder mit einem Gummispatel von den Seiten nach unten schieben. Dann das Traubenkernöl unterrühren. Zuletzt mit Salz würzen.

Das fertige Pesto in ein sauberes Schraubglas füllen. Im Kühlschrank aufbewahren und innerhalb von 1 Woche verbrauchen.

SERVIEREMPFEHLUNG

Passt zu milden und würzigen Käsesorten, als Füllung für Gebäckstücke aus Hefe, Mürbeteigtarteletten, zum Verfeinern von Milchreis oder Grießflammeri.

SALBEI-SCHOKOLADEN-PESTO

Für 1 Glas à 200 ml

50 g weiße Schokolade
30 g Kürbiskerne
30 g Sonnenblumenkerne
10 Blätter Salbei
80 ml Rapsöl
Salz

Den Backofen auf 120 °C Ober-/Unterhitze vorheizen. Die Schokolade in eine kleine Auflaufform legen und im Backofen in etwa 20–30 Minuten karamellisieren. Die Kürbiskerne und Sonnenblumenkerne in einer ofenfesten Schale dazustellen und 5–8 Minuten mitrösten. Im Anschluss beides abkühlen lassen.

Den Salbei waschen, trockentupfen und in einer Pfanne im heißen Rapsöl kurz anbraten. Anschließend in ein anderes Gefäß umfüllen und abkühlen lassen. Die karamellisierte Schokolade im Mörser zerstoßen. Die Kürbis- und Sonnenblumenkerne zugeben und nicht zu fein zerstoßen. Zuletzt das Salbeiöl untermischen und mit Salz würzen.

Das fertige Pesto in ein sauberes Schraubglas füllen. Im Kühlschrank aufbewahren und innerhalb von 1 Woche verbrauchen.

SERVIEREMPFEHLUNG

Passt zu gegrilltem dunklem Fleisch, wie Rind, Lamm und Wild. Ebenso zu Wildschinken und luftgetrockneten Schinkenspezialitäten aus Italien und Spanien.

WÜRZIGES CHILI-ORANGEN-PESTO

Für 1 Glas à 250 ml

30 g Walnusskerne
1 Chilischote
½ unbehandelte Orange
1 Knoblauchzehe
1 Stück Ingwer (2 cm)
1 TL getrocknete schwarze Pfefferkörner
1 TL getrockneter Oregano
1 TL getrockneter Thymian
75 ml Olivenöl
2–3 EL fein geriebener Pecorino
Salz

Die Walnusskerne fein hacken und in einer Pfanne ohne Fettzugabe anrösten. Zum Abkühlen in ein anderes Gefäß umfüllen und beiseitestellen. Die Chilischote waschen und entkernen. Die Orange waschen, trockentupfen, drei breite Schalenstreifen abziehen und den Saft auspressen. Den Knoblauch abziehen und den Ingwer schälen, zusammen mit der Chilischote und der Orangenschale grob hacken.

Den Pfeffer, den Oregano und den Thymian im Mörser zerstoßen. Die Knoblauch-Ingwer-Orangen-Mischung zugeben und mit dem Stößel fein zerkleinern. Danach die Walnüsse, das Öl und den Pecorino unterrühren. Zuletzt mit Salz würzen.

Das fertige Pesto in ein sauberes Schraubglas füllen. Im Kühlschrank aufbewahren und innerhalb von 1 Woche verbrauchen.

SERVIEREMPFEHLUNG

Passt zu Fleisch und Fisch vom Grill, als Dressing für Tomaten- und Blattsalate, zu Feta und Ziegenfrischkäse.

APFEL-KÜRBISKERN-PESTO

Für 1 Glas à 250 ml

1 TL Fenchelsaat
40 g Kürbiskerne
4 Zweige Thymian
80 g getrocknete Apfelringe
30 ml Rapsöl
30 ml Kürbiskernöl
Salz
frisch gemahlener schwarzer Pfeffer

Den Fenchel im Mörser leicht zerstoßen und zusammen mit den Kürbiskernen in einer Pfanne ohne Fettzugabe anrösten. Anschließend abkühlen lassen.

Den Thymian waschen, trockentupfen und die Blätter abzupfen. Den Thymian, die Apfelringe und das Rapsöl im Multizerkleinerer (Küchenmaschine mit Schneidmesser) häckseln. Das Kürbiskernöl, die Kürbiskern-Fenchel-Mischung zugeben und kurz intervallartig mischen. Dabei nach Bedarf die Zutaten immer wieder mit einem Gummispatel von den Seiten nach unten schieben. Das Pesto zuletzt mit Salz und Pfeffer würzen.

Das fertige Pesto in ein sauberes Schraubglas füllen. Im Kühlschrank aufbewahren und innerhalb von 1 Woche verbrauchen.

SERVIEREMPFEHLUNG

Passt zu milden Schnitt- und Weichkäsen, Blattsalaten, geröstetem Brot oder als Aufstrich.

BEEREN-PINIENKERN-PESTO

Für 1 Glas à 250 ml

50 g Pinienkerne
4 Zweige Thymian
20 g getrocknete Cranberrys
3 TL getrocknete Beeren
2 TL getrocknete Minze
1 TL Szechuanpfeffer
75 ml Olivenöl
3 EL Apfelsaft
Meersalzflocken

Die Pinienkerne in einer Pfanne ohne Fettzugabe anrösten, anschließend abkühlen lassen. Den Thymian waschen, trockentupfen, die Blätter abzupfen. Die Cranberrys auf dem Schneidbrett klein hacken. Die getrockneten Beeren im Mörser zerreiben.

Die Pinienkerne, den Thymian, die Minze und den Szechuanpfeffer zugeben und ebenfalls zerkleinern. Das Öl, den Apfelsaft und die Cranberrys zugeben und vermischen. Zuletzt mit Meersalzflocken würzen.

Das fertige Pesto in ein sauberes Schraubglas füllen. Im Kühlschrank aufbewahren und innerhalb von 1 Woche verbrauchen.

SERVIEREMPFEHLUNG

Passt zu herzhaften Pfannkuchen, Ziegenfrischkäse oder Wildterrinen. Auch knackige Blattsalate mit Obst lassen sich mit diesem Pesto verfeinern.

PEKANNUSS-FEIGEN-PESTO

Für 1 Glas à 250 ml

30 g Pekannusskerne
100 g getrocknete Feigen
3 Sternanis
2 Zweige Rosmarin
80 ml Olivenöl
Salz
frisch gemahlener Pfeffer
30 g frisch geriebener Manchego

Die Pekannüsse grob hacken und in einer Pfanne ohne Fettzugabe anrösten. Inzwischen die Feigen klein schneiden. Den Sternanis im Mörser fein zerstoßen. Den Rosmarin waschen, trockentupfen, die Nadeln abzupfen.

Die Pekannüsse, die Feigen, den Sternanis, den Rosmarin und das Olivenöl im Multizerkleinerer (Küchenmaschine mit Schneidmesser) pürieren. Dabei nach Bedarf die Zutaten immer wieder mit einem Gummispatel von den Seiten nach unten schieben. Zuletzt mit Salz und Pfeffer würzen und den Manchego unterrühren.

Das fertige Pesto in ein sauberes Schraubglas füllen. Im Kühlschrank aufbewahren und innerhalb von 1–2 Wochen verbrauchen.

SERVIEREMPFEHLUNG

Passt zu würzigen und gut gereiften Käsesorten, als Dip zu Kurzgebratenem, Schmorgerichten, etwas aus der Tajine oder dem Backofen. Zu Broten mit Nüssen, Samen und Kernen, Kürbisgerichten und Risotto.

HEIDELBEER-KAKAO-PESTO

Für 1 Glas à 200 ml

4 Wacholderbeeren
30 g Walnusskerne
50 g getrocknete Heidelbeeren
2 EL Kakaonibs
75 ml Olivenöl
Salz
1 Schote Langer Pfeffer, gerieben

Die Wacholderbeeren im Mörser zerdrücken, die Walnusskerne hacken und beides in einer Pfanne kurz anrösten. Anschließend abkühlen lassen.

Die Heidelbeeren, die Kakaonibs und das Olivenöl in einem hohen Gefäß kurz pürieren. Dann die Wacholder-Walnuss-Mischung unterrühren. Zuletzt mit Salz und geriebenem Langem Pfeffer würzen.

Das fertige Pesto in ein sauberes Schraubglas füllen. Im Kühlschrank aufbewahren und innerhalb von 1–2 Wochen verbrauchen.

SERVIEREMPFEHLUNG

Passt zu Blattsalaten, insbesondere bittere Sorten, wie Radicchio, Chicorée oder Rucola. Schmackhaft zu gebratenem Gemüse und dunklem Fleisch sowie luftgetrocknetem Schinken und gereiften Weichkäsen.

SCHARFES SESAM-FEIGEN-PESTO

Für 1 Glas à 200 ml

80 g getrocknete Feigen
30 g Sesamsamen
1 TL Chiliflocken
1 TL körniger Senf
100 ml Olivenöl
Salz
frisch gemahlener Pfeffer

Die Feigen klein schneiden und mit dem Sesam, den Chiliflocken, dem Senf und dem Öl im Multizerkleinerer (Küchenmaschine mit Schneidmesser) zerkleinern und mischen. Dabei nach Bedarf die Zutaten immer wieder mit einem Gummispatel von den Seiten nach unten schieben. Zuletzt mit Salz und Pfeffer würzen.

Das fertige Pesto in ein sauberes Schraubglas füllen. Im Kühlschrank aufbewahren und innerhalb von 1–2 Wochen verbrauchen.

SERVIEREMPFEHLUNG

Passt zu milden und würzigen Käsesorten, zu luftgetrocknetem Schinken und Würsten, verfeinert gegrilltes Fleisch und Schmorbraten.

ORANGEN-MINZ-PESTO

Für 1 Glas à 200 ml

25 g Pinienkerne
1 Bund Minze
4 Stängel glatte Petersilie
30 g getrocknete Orangenscheiben
75 ml Olivenöl
2–3 EL frisch geriebener Parmesan
Salz
frisch gemahlener Pfeffer

Die Pinienkerne in einer Pfanne ohne Fettzugabe anrösten, anschließend abkühlen lassen. Die Minze und Petersilie waschen, trockentupfen, die Blätter abzupfen. Im Anschluss die Pinienkerne mit den Kräutern, den Orangenscheiben und dem Olivenöl im Multizerkleinerer (Küchenmaschine mit Schneidmesser) fein zerkleinern. Dabei nach Bedarf die Zutaten immer wieder mit einem Gummispatel von den Seiten nach unten schieben. Danach den Parmesan unter das Pesto rühren. Zuletzt mit Salz und Pfeffer würzen.

Das fertige Pesto in ein sauberes Schraubglas füllen. Im Kühlschrank aufbewahren und innerhalb von 1 Woche verbrauchen.

SERVIEREMPFEHLUNG

Passt zu milden und würzigen Käsesorten, zu Crêpes und Pfannkuchen, vor allem aus Buchweizen. Zu gebratenem, gedämpftem Fisch oder auch geräucherten Fischfilets.

FLAMMKUCHEN MIT KÜRBIS UND ORANGEN-MINZ-PESTO

Für 4 Personen
Zubereitungszeit: 30 Minuten
Backzeit: etwa 30 Minuten

400 g Weizenmehl Type 550
4 EL Olivenöl
Salz
etwa ¼ Hokkaido-Kürbis
250 g Crème fraîche
½ Glas Orangen-Minz-Pesto (ca. 100 ml; Rezept siehe Seite 157)
Meersalzflocken
frisch gemahlener Pfeffer

Das Mehl mit 3 EL Öl, 1 TL Salz und 200 ml Wasser in einer Schüssel zu einem glatten Teig verkneten. Diesen abgedeckt 2 Stunden im Kühlschrank ruhen lassen.

Inzwischen den Kürbis waschen, entkernen und mit dem Sparschäler in dünne Streifen hobeln. Die Streifen mit 1 EL Olivenöl mischen.

Den Backofen auf 250 °C Ober-/Unterhitze vorheizen. Zwei Backbleche mit Backpapier auslegen. Den Teig wahlweise in vier oder acht gleich große Stücke teilen und diese nacheinander dünn ausrollen. Die Teigstücke auf die Backbleche legen, mit Crème fraîche bestreichen und den Kürbis darüberstreuen. Die Backbleche nacheinander für etwa 10 Minuten in den vorgeheizten Backofen geben. (Beim Garen mit Umluft können Sie auch zwei Backbleche bei 230 °C gleichzeitig einschieben.)

Die fertigen Flammkuchen mit dem Pesto beträufeln, mit Salz und Pfeffer würzen und sofort servieren.

MACADAMIA-APRIKOSEN-PESTO

Für 1 Glas à 200 ml

40 g Macadamianusskerne
1 Zweig Rosmarin
6 getrocknete Aprikosen
75 ml Olivenöl
2 EL frisch geriebener Pecorino
2 cl Orangenlikör (z.B. Cointreau)
Salz
frisch gemahlener Pfeffer

Die Macadamianüsse grob hacken und in einer Pfanne ohne Fettzugabe anrösten. Anschließend abkühlen lassen. Den Rosmarin waschen, trockentupfen, die Nadeln abzupfen.

Die Aprikosen zusammen mit den Macadamianüssen, dem Rosmarin und dem Olivenöl in einem hohen Gefäß pürieren. Den Pecorino und Orangenlikör unterheben. Zuletzt mit Salz und Pfeffer würzen.

Das fertige Pesto in ein sauberes Schraubglas füllen. Im Kühlschrank aufbewahren und innerhalb von 1–2 Wochen verbrauchen.

SERVIEREMPFEHLUNG

Passt zu gebratenem Geflügel, luftgetrocknetem Schinken, Salaten mit Tomate oder Rote Bete, Kürbisgerichten, dunklem Brot und gereiften Weichkäsen.

SCHARFES ROSINEN-DILL-PESTO

Für 1 Glas à 250 ml

50 g Rosinen
50 g Rauchmandelkerne
1 Stück Ingwer (2 cm)
5 Stängel Dill
1 TL Harissa-Paste
1 TL flüssiger Honig
80 ml neutrales Pflanzenöl
Salz

Die Rosinen und Rauchmandeln auf einem Schneidbrett klein hacken. Den Ingwer schälen und klein schneiden. Den Dill waschen, trockentupfen und die Blätter abzupfen. Dill, Ingwer, Harissa, Honig und Öl in einem hohen Gefäß pürieren. Zuletzt die Rosinen und die Rauchmandeln zugeben und mit Salz würzen.

Das fertige Pesto in ein sauberes Schraubglas füllen. Im Kühlschrank aufbewahren und innerhalb von 1 Woche verbrauchen.

SERVIEREMPFEHLUNG

Passt zu milden und würzigen Käsesorten, als Aufstrich für Brot, Sandwiches, Burger und Wraps.

AUSSERGEWÖHNLICHES

MARONEN-SCHNITTLAUCH-PESTO

Für 1 Glas à 250 ml

2 Knoblauchzehen
4 Wacholderbeeren
2 TL Zitronenmarmelade
50 g gegarte Maronen
1 Bund Schnittlauch
50 ml Rapsöl
3 EL Walnussöl
Salz
frisch gemahlener Pfeffer

Den Knoblauch abziehen. Den Knoblauch und den Wacholder im Mörser zerstoßen. Die Zitronenmarmelade untermischen. Die Maronen auf einem Schneidbrett fein hacken. Den Schnittlauch waschen und in feine Röllchen schneiden. Maronen, Schnittlauch, Rapsöl und Walnussöl unter die Mischung im Mörser rühren. Zuletzt mit Salz und Pfeffer würzen.

Das fertige Pesto in ein sauberes Schraubglas füllen. Im Kühlschrank aufbewahren und innerhalb von 1 Woche verbrauchen.

SERVIEREMPFEHLUNG

Passt zu gegrilltem und gebratenem dunklem Fleisch, wie Rind, Lamm oder Wild. Als Brotaufstrich oder zum Verfeinern von dunkeln Saucen oder als Marinade für Rotkohlsalat.

RÖSTI MIT MARONEN-SCHNITTLAUCH-PESTO

Für 2 Personen
Zubereitungszeit: 30 Minuten

400 g festkochende Kartoffeln
2 TL Kartoffelstärke
Salz
4–6 EL Olivenöl
frisch gemahlener Pfeffer
200 g Sauerrahm
1 Glas Maronen-Schnittlauch-Pesto (250 ml)

Die Kartoffeln waschen, schälen und grob raspeln. In einer Schüssel mit der Kartoffelstärke und ½ TL Salz vermengen.

2 EL Olivenöl in einer kleinen Pfanne (etwa 20 cm ø) erhitzen. Die Hälfte der Kartoffelmasse darin verteilen, leicht andrücken und zu einem runden Fladen formen. Bei mittlerer Temperatur goldbraun und knusprig braten. Die Rösti dann wenden und auf der anderen Seite ebenso knusprig braten. Die Rösti im vorgeheizten Backofen 65 °C Ober-/Unterhitze warm stellen. Aus der übrigen Masse eine zweite Rösti backen.

Zum Anrichten die Rösti auf Teller verteilen, mit Salz und Pfeffer übermahlen. Mit Sauerrahm und dem Pesto als Dip servieren.

GRÜNTEE-SCHNITTLAUCH-PESTO

Für 1 Glas à 200 ml

50 g Macadamianusskerne
2 TL loser Grüntee
1 Bund Schnittlauch
75 ml Olivenöl
Salz
frisch gemahlener Pfeffer
etwas frisch gepresster Limettensaft

Die Macadamianüsse grob hacken und in einer Pfanne ohne Fettzugabe anrösten. Anschließend abkühlen lassen.

Den Grüntee im Mörser fein zerreiben. Die Macadamianüsse zugeben und zerstoßen. Den Schnittlauch waschen, trockentupfen und fein schneiden. Alle vorbereiteten Zutaten zusammen mit dem Olivenöl mischen. Zuletzt mit Salz, Pfeffer und einem Spritzer Limettensaft würzen.

Das fertige Pesto in ein sauberes Schraubglas füllen. Im Kühlschrank aufbewahren und innerhalb von 1 Woche verbrauchen.

SERVIEREMPFEHLUNG

Passt zu Fischgerichten aus der Pfanne, vom Grill oder aus dem Backofen. Zu Sommerrollen, Tofu und Gerichten mit Glasnudeln.

SCHWARZTEE-INGWER-PESTO

Für 1 Glas à 200 ml

50 g Mandelblättchen
5 Stängel Thymian
2 TL loser Schwarztee (ersatzweise 2 Teebeutel)
75 ml Olivenöl
20 g kandierter Ingwer, in Sirup eingelegt
Salz
frisch gemahlener Pfeffer

Die Mandelblättchen in einer Pfanne ohne Fettzugabe anrösten, anschließend abkühlen lassen. Den Thymian waschen, trockentupfen und die Blätter abzupfen. Den Schwarztee im Mörser sehr fein zerstoßen. Die Mandeln und den Thymian zum Schwarztee geben und zerkleinern. Das Öl, 1 EL Ingwersirup und den kandierten Ingwer zugeben. Alles zu einer Paste verarbeiten. Zuletzt mit Salz und Pfeffer würzen.

Das fertige Pesto in ein sauberes Schraubglas füllen. Im Kühlschrank aufbewahren und innerhalb von 1–2 Wochen verbrauchen.

SERVIEREMPFEHLUNG

Passt zu gegrilltem Obst, in Kombination mit Feta, Burrata und Ziegenfrischkäse. Als Marinade für frischen Fisch aus der Pfanne oder geräucherte Fische geeignet.

WÜRZIGES GERSTENMALZ-PESTO

Für 1 Glas à 200 ml

50 g gehackte Haselnusskerne
5 Stängel Thymian
5 Stängel Petersilie
1 EL Gerstenmalz oder gemahlenes Backmalz
80 ml Olivenöl
2 EL frisch geriebener Bergkäse
Salz
frisch gemahlener Pfeffer

Die Haselnüsse in einer Pfanne ohne Fettzugabe anrösten, anschließend abkühlen lassen. Den Thymian und die Petersilie waschen, trockentupfen und die Blätter abzupfen. Beides mit den Haselnüssen, dem Gerstenmalz und dem Olivenöl im Multizerkleinerer (Küchenmaschine mit Schneidmesser) pürieren. Dabei nach Bedarf die Zutaten immer wieder mit einem Gummispatel von den Seiten nach unten schieben. Dann den Bergkäse dazugeben. Zuletzt mit Salz und Pfeffer würzen.

Das fertige Pesto in ein sauberes Schraubglas füllen. Im Kühlschrank aufbewahren und innerhalb von 1 Woche verbrauchen.

SERVIEREMPFEHLUNG

Passt zu geschmorten Braten, würzigem Käse, Schweinebraten oder auch zum Marinieren von Kartoffelsalat.

ZITRONIGES BUCHWEIZEN-DILL-PESTO

Für 1 Glas à 200 ml

1 Bund Dill
1 unbehandelte Zitrone
1 TL Anissamen
30 g gerösteter Buchweizen (erhältlich z. B. als Tee)
75 ml Olivenöl
30 g frisch geriebener Pecorino
Salz
frisch gemahlener Pfeffer

Den Dill waschen, trockentupfen, die Blätter abzupfen und hacken. Die Zitrone heiß waschen, die Schale mit dem Sparschäler abziehen und hacken. Den Dill mit der Zitronenschale, der Anissamen, dem Buchweizen und dem Olivenöl im Multizerkleinerer (Küchenmaschine mit Schneidmesser) fein pürieren. Dabei nach Bedarf die Zutaten immer wieder mit einem Gummispatel von den Seiten nach unten schieben. Dann den Pecorino dazugeben. Zuletzt mit Salz, Pfeffer und einem Spritzer Zitronensaft würzen.

Das fertige Pesto in ein sauberes Schraubglas füllen. Im Kühlschrank aufbewahren und innerhalb von 1 Woche verbrauchen.

SERVIEREMPFEHLUNG

Passt zu Gerichten mit Fisch, Spargel, milden Käsesorten und geröstetem Brot.

PESTO ARRABIATA

Für 1 Glas à 200 ml

3 Knoblauchzehen
80 ml Olivenöl
1 Chilischote
5 getrocknete in Öl eingelegte Tomatenfilets
2 EL gehackte Mandelkerne
1 TL getrockneter Thymian
3 EL frisch geriebener Pecorino
Salz
frisch gemahlener Pfeffer

Den Knoblauch abziehen, hacken und in 3 EL vom Olivenöl braun anrösten. Zum Abkühlen in ein anderes Gefäß umfüllen. Die Chilischote waschen, entkernen und in Stücke schneiden. Die Tomatenfilets mit dem Chili, dem Knoblauch, dem übrigen Öl, den Mandeln und dem Thymian in einem hohen Gefäß pürieren. Anschließend den Pecorino untermengen. Zuletzt mit Salz und Pfeffer würzen.

Das fertige Pesto in ein sauberes Schraubglas füllen. Im Kühlschrank aufbewahren und innerhalb von 1–2 Wochen verbrauchen.

SERVIEREMPFEHLUNG

Passt zu Pasta, kurz gebratenen Fleischgerichten und Garnelen oder Fisch aus der Pfanne oder vom Grill. Zum Verfeinern von Aufstrichen mit Frischkäse und zu Weichkäse.

PASTA MIT PESTO ARRABIATA

Für 4 Personen
Zubereitungszeit: 25 Minuten

500 g Mezze Rigatoni
Salz
3–4 EL Pesto arrabiata
Rucola und gehobelter Pecorino oder Parmesan zum Servieren

Die Rigatoni in einem Topf in reichlich kochendem, gut gesalzenem Wasser al dente garen. Ein bis zwei Kellen Nudelwasser am Ende der Garzeit abnehmen und beiseitestellen.

Die Pasta abgießen. Mit dem Pesto und dem Nudelwasser vermengen. Zum Anrichten in Schalen verteilen, mit Rucola und gehobeltem Pecorino oder Parmesan servieren.

MELISSEN-HANF-PESTO

Für 1 Glas à 200 ml

1 Bund Zitronenmelisse
3 Zweige Zitronenthymian
50 g geschälte Hanfsamen
75 ml Olivenöl
30 g Parmesan
Salz
frisch gemahlener Pfeffer

Die Zitronenmelisse und den Thymian waschen, trockentupfen und die Blätter abzupfen. Beides mit den Hanfsamen und dem Olivenöl in einem hohen Gefäß pürieren. Anschließend den Parmesan dazureiben. Zuletzt mit Salz und Pfeffer würzen.

Das fertige Pesto in ein sauberes Schraubglas füllen. Im Kühlschrank aufbewahren und innerhalb von 1 Woche verbrauchen.

SERVIEREMPFEHLUNG

Passt zu Blattsalaten, gegrillten Früchten, Feta und Burrata sowie als Brotaufstrich oder zum Verfeinern von Aufstrichen.

OLIVEN-PESTO

Für 1 Glas à 300 ml

4 Stängel Zitronenthymian
100 g entsteinte schwarze Oliven, trocken eingelegt
1 Bund Schnittlauch
100 ml Olivenöl
3 EL fein geriebener Pecorino
Salz
frisch gemahlener Pfeffer

Den Thymian waschen, trockentupfen und die Blätter abzupfen. Zusammen mit den Oliven im Multizerkleinerer (Küchenmaschine mit Schneidmesser) fein häckseln. Dabei nach Bedarf die Zutaten immer wieder mit einem Gummispatel von den Seiten nach unten schieben. Den Schnittlauch waschen, trockentupfen und fein schneiden. Zu den Oliven geben. Das Olivenöl und den Pecorino untermischen. Zuletzt mit Salz, Pfeffer würzen.

Das fertige Pesto in ein sauberes Schraubglas füllen. Im Kühlschrank aufbewahren und innerhalb von 1 Woche verbrauchen.

SERVIEREMPFEHLUNG

Passt zu frischen Sommersalaten, zum Beispiel mit Tomate, Gurke, Paprika und Feta. Zu gerösteten Brotscheiben, Crostini oder Pizzabrot oder als Dip zu Fleisch und Gemüse vom Grill.

PESTO MIT SCHWARZEN NÜSSEN

Für 1 Glas à 200 ml

5 eingelegte, schwarze Nüsse (erhältlich z. B. im Bio-Markt, online)
30 g Walnusskerne
1 TL Koriandersaat
1 Bund Minze
1 TL gemahlener Ingwer
50 ml Rapsöl
Salz
frisch gemahlener Pfeffer

Die schwarzen Nüsse fein hacken, Walnusskerne zugeben und ebenfalls hacken. Den Koriander im Mörser zerstoßen. Die Minze waschen, trockentupfen, die Blätter abzupfen und fein hacken.

Die vorbereiteten Zutaten mit dem Ingwer und dem Öl in einer Schale mischen. Mit Salz und Pfeffer würzen.

Das fertige Pesto in ein sauberes Schraubglas füllen. Im Kühlschrank aufbewahren und innerhalb von 1 Woche verbrauchen.

SERVIEREMPFEHLUNG

Passt zu Pasteten, insbesondere aus Wildbret, zu würzigen Käsesorten, gebratenem oder geschmortem Wildfleisch und luftgetrocknetem Schinken.

WÜRZIGES KNOBLAUCH-PESTO

Für 1 Glas à 250 ml

2 Knoblauchknollen
30 g Pinienkerne
2 Zweige Rosmarin
1 Bund glatte Petersilie
80 ml Olivenöl
1 TL abgeriebene Zitronenschale
Salz
frisch gemahlener Pfeffer

Den Backofen auf 180 °C Ober-/Unterhitze vorheizen. Die Knoblauchknollen horizontal halbieren, in eine Auflaufform legen und im Backofen 30 Minuten garen. Die Pinienkerne in eine ofenfeste Schale geben und mit dem Knoblauch zusammen etwa 5–7 Minuten rösten. Anschließend beides abkühlen lassen.

Den Rosmarin und die Petersilie waschen, trockentupfen, die Nadeln bzw. Blätter abzupfen. Das weiche Knoblauchfruchtfleisch aus den Schalen drücken und in ein hohes Gefäß geben. Die Kräuter, die Pinienkernen, das Olivenöl und dem Zitronenabrieb hinzugeben. Die Zutaten fein pürieren und mit Salz, Pfeffer würzen.

Das fertige Pesto in ein sauberes Schraubglas füllen. Im Kühlschrank aufbewahren und innerhalb von 1 Woche verbrauchen.

SERVIEREMPFEHLUNG

Passt zu Gerichten mit Spargel, Fisch und Geflügel. Als Dip zu Kartoffeln aus dem Salz (Papas arrugadas), gegrillten Paprikaschoten und zum Marinieren von Feta.

BROT-PESTO

Für 1 Glas à 250 ml

1 Knoblauchzehe
3 Stängel Thymian
50 g trockene Brotreste (Sauerteig-, Misch- oder Körnerbrote)
2 EL helle Sesamsaat
1 TL Szechuanpfeffer
3 EL fein geriebener Gruyère
75 ml Olivenöl
Salz
frisch gemahlener Pfeffer

Den Knoblauch abziehen, den Thymian waschen, trockentupfen und die Blätter abzupfen. Das altbackene Brot mit dem Sesam, dem Thymian und dem Knoblauch im Multizerkleinerer (Küchenmaschine mit Schneidmesser) häckseln. Dabei nach Bedarf die Zutaten immer wieder mit einem Gummispatel von den Seiten nach unten schieben. Den Szechuanpfeffer im Mörser zerstoßen und mit dem Gruyère zur Brotmischung geben. Dann das Öl unterrühren. Zuletzt mit Salz und Pfeffer würzen.

Das fertige Pesto in ein sauberes Schraubglas füllen. Im Kühlschrank aufbewahren und innerhalb von 2 Wochen verbrauchen.

Info
Dieses außergewöhnliche Pesto ist die ideale Verwertung von altbackenem Brot. Je intensiver das Aroma des Brotes ist, umso besser eignet es sich für die Verwendung in diesem Pesto.

SERVIEREMPFEHLUNG

Passt zur Brotzeit mit würzigen Käsesorten, Schinken und Würsten. Auch als Topping für Gemüse aus dem Backofen.

HERBES SCHOKOLADEN-PESTO

Für 1 Glas à 250 ml

2 Zweige Rosmarin
100 g dunkle Schokolade (90 % Kakaoanteil)
50 g helle Sesamsaat
75 ml Olivenöl
Salz
Cayennepfeffer

Den Rosmarin waschen, trockentupfen und die Nadeln abzupfen. Die Schokolade auf der groben Seite der Küchenreibe raspeln und mit dem Rosmarin, dem Sesam, dem Olivenöl und je 2 Prisen Salz und Cayennepfeffer verrühren.

Das fertige Pesto in ein sauberes Schraubglas füllen. Im Kühlschrank aufbewahren und innerhalb von 1–2 Wochen verbrauchen.

SERVIEREMPFEHLUNG

Passt zu gegrilltem dunklem Fleisch, wie Rind, Lamm oder Wild. Als Dip zu Hartkäse, gerösteten Brotscheiben oder zu Hähnchen-Satés.

PISTAZIEN-DILL-PESTO

Für 1 Glas à 250 ml

1 Bund Dill
1 Knoblauchzehe
50 g Pistazienkerne
80 ml Olivenöl
4 EL frisch geriebener Parmesan
Salz
frisch gemahlener Pfeffer

Den Dill waschen, trockentupfen, die Blätter abzupfen. Den Knoblauch abziehen. Beides mit den Pistazien im Mörser zerstoßen. Das Olivenöl, den Dill und Parmesan untermischen. Zuletzt mit Salz und Pfeffer würzen.

Das fertige Pesto in ein sauberes Schraubglas füllen. Im Kühlschrank aufbewahren und innerhalb von 1 Woche verbrauchen.

SERVIEREMPFEHLUNG

Passt zu Frühlingsgerichten mit Spargel, Lauch und Karotten. Zum Füllen von herzhaften Crêpes und Pfannkuchen, als Aufstrich mit Frischkäse oder zu Feta und Mozzarella.

WILD-PESTO

Für 1 Glas à 250 ml

2 getrocknete Orangenscheiben
1 Bund Kerbel
2 Zweige Rosmarin
5 Wacholderbeeren
2 TL Koriandersaat
2 EL Kakaonibs
80 ml Olivenöl
Salz
frisch gemahlener Pfeffer

Die Orangenscheiben klein hacken. Den Kerbel und den Rosmarin waschen, trockentupfen und die Blätter bzw. Nadeln abzupfen. Die Wacholderbeeren und den Koriander im Mörser fein zerstoßen. Die Kräuter zugeben und mit dem Stößel zerstampfen. Dann die Kakaonibs, das Olivenöl und die Orangen zugeben und alles zu einer Paste verarbeiten. Zuletzt mit Salz und Pfeffer würzen.

Das fertige Pesto in ein sauberes Schraubglas füllen. Im Kühlschrank aufbewahren und innerhalb von 1 Woche verbrauchen.

SERVIEREMPFEHLUNG

Passt zu kurz gebratenem und geschmortem Wild, zu Pastasorten mit Biss, wie Orecchiette, Trofie, oder Gnocchi. Verfeinert kräftige Blattsalate, wie Endivie, Radicchio, Chicorée; auch in Kombination mit Frucht (Apfel, Birne, Orangen, Granatapfel) ideal.

SÜSS-SCHARFES PETERSILIEN-PESTO MIT INGWER

Für 1 Glas à 250 ml

30 g Pinienkerne
1 Bund krause Petersilie
20 g kandierter Ingwer, in Sirup eingelegt
1 TL Harissa-Paste
75 ml Olivenöl
Salz
frisch gemahlener Pfeffer

Die Pinienkerne in einer Pfanne ohne Fettzugabe anrösten, anschließend abkühlen lassen. Die Petersilie waschen, trockentupfen, die Blätter abzupfen, die Stiele fein schneiden.

Die Pinienkerne, die Petersilie, den Ingwer, die Harissa-Paste und das Olivenöl im Multizerkleinerer (Küchenmaschine mit Schneidmesser) häckseln und mischen. Dabei nach Bedarf die Zutaten immer wieder mit einem Gummispatel von den Seiten nach unten schieben. Zuletzt mit Salz, Pfeffer und etwas Sirup vom eingelegten Ingwer würzen.

Das fertige Pesto in ein sauberes Schraubglas füllen. Im Kühlschrank aufbewahren und innerhalb von 1 Woche verbrauchen.

SERVIEREMPFEHLUNG

Passt zu gebratenem oder gegrilltem Geflügel, zu Kartoffelgerichten, wie Gnocchi und Kartoffelplätzchen, zu Ofengemüse, zum Beispiel mit Kürbis, Paprika, Brokkoli oder Maiskolben.

MASCARPONE-CRÈME-BRULÉE MIT TRÜFFEL-PESTO

Für 4 Personen
Zubereitungszeit: 30 Minuten plus Zeit zum Abkühlen
Garzeit: 45 Minuten

150 ml Milch
150 g Mascarpone
30 g Zucker
Salz
3 Eigelb
½ Tonkabohne (ersatzweise das Mark von ½ Vanilleschote)
3–4 EL brauner Zucker zum Abflämmen
½ Glas Trüffel-Pesto (100 ml; Rezept siehe Seite 184)

Den Backofen auf 110 °C Ober-/Unterhitze vorheizen. Vier Dessertschalen (etwa 120 ml Inhalt) auf einem tiefen Backblech (Fettfangschale des Backofens oder passende Auflaufform) bereitstellen.

Die Milch mit dem Mascarpone, dem Zucker, 1 Prise Salz und dem Eigelb in einer Schüssel glatt rühren. Die Tonkabohne dazureiben. Die Mischung auf ein heißes Wasserbad setzen, mit einem Gummispatel rühren (nicht schaumig aufschlagen) und auf etwa 70 °C erhitzen. Am besten zwischendurch mit einem Küchenthermometer überprüfen.

Die Flüssigkeit durch ein Sieb gießen und in die Schälchen füllen. Das Backblech in den Backofen einschieben, 3 cm hoch kochendes Wasser angießen und die Creme 45 Minuten garen.

Die Crème brulée anschließend vollständig erkalten lassen. Vor dem Servieren mit einer dünnen Schicht braunem Zucker bestreuen und mit einem Bunsenbrenner abflämmen. Mit dem Trüffel-Pesto als Topping servieren.

TRÜFFEL-PESTO

Für 1 Glas à 200 ml

50 g gehackte Haselnusskerne
2 EL helle Sesamsaat
1 kleine eingelegte schwarze Trüffel
2 EL Rosinen
75 ml Olivenöl
1 EL Trüffelöl
Salz
frisch gemahlener Pfeffer

Die Haselnüsse und den Sesam in einer Pfanne ohne Fettzugabe rösten, dann abkühlen lassen.

Die Trüffel abtropfen lassen und zusammen mit den Rosinen fein hacken. Die Haselnüsse mit dem Sesam im Mörser zerstoßen. Anschließend die Trüffel und die Rosinen untermischen. Dann die Öle zum Pesto geben. Zuletzt mit Salz und Pfeffer würzen.

Das fertige Pesto in ein sauberes Schraubglas füllen. Im Kühlschrank aufbewahren und innerhalb von 1 Woche verbrauchen.

SERVIEREMPFEHLUNG

Passt zu milden und würzigen Käsesorten, ebenso zu dunklem Fleisch, wie Lamm, Rind oder Wild. Verfeinert auch herzhafte Salate mit Roter Bete, Kürbis oder Kartoffeln.

BASILIKUM-ERDMANDEL-PESTO

Für 1 Glas à 250 ml

1 Topf Basilikum
1 Knoblauchzehe
60 ml Olivenöl
½ TL Chiliflocken
3 EL frisch geriebener Parmesan
2 EL Erdmandelflocken
(erhältlich z. B. im Biomarkt, Reformhaus)
Salz
frisch gemahlener Pfeffer

Das Basilikum waschen, trockentupfen und die Blätter abzupfen. Den Knoblauch abziehen und zusammen mit dem Basilikum, dem Olivenöl und den Chiliflocken in einem hohen Gefäß fein pürieren. Anschließend den Parmesan und die Erdmandelflocken unterrühren. Zuletzt mit Salz und Pfeffer würzen.

Das fertige Pesto in ein sauberes Schraubglas füllen. Im Kühlschrank aufbewahren und innerhalb von 1 Woche verbrauchen.

SERVIEREMPFEHLUNG

Passt zu Pasta und Risotto, als Brotaufstrich, zur Brotzeit mit Käse und Schinken, als Füllung für herzhafte Crêpes, zum Beispiel mit Spargel.

PESTO AMATRICIANA

Für 1 Glas à 200 ml

1 Bund glatte Petersilie
1 Knoblauchzehe
50 g trocken eingelegte entsteinte schwarze Oliven
5 in Öl eingelegte getrocknete Tomatenfilets
80 ml Olivenöl
3 EL frisch geriebener Parmesan
Salz
frisch gemahlener Pfeffer
etwas frisch gepresster Zitronensaft

Die Petersilie waschen, trockentupfen und die Blätter abzupfen. Die Stiele fein schneiden. Den Knoblauch abziehen. Die Petersilienblätter, die -stiele und den Knoblauch mit den Oliven und getrockneten Tomaten im Multizerkleinerer (Küchenmaschine mit Schneidmesser) häckseln. Dabei nach Bedarf die Zutaten immer wieder mit einem Gummispatel von den Seiten nach unten schieben. Das Olivenöl zugeben und alles zu einem Pesto mixen. Anschließend den Parmesan unterrühren. Zuletzt mit Salz, Pfeffer und einem Spritzer Zitronensaft würzen.

Das fertige Pesto in ein sauberes Schraubglas füllen. Im Kühlschrank aufbewahren und innerhalb von 1 Woche verbrauchen.

SERVIEREMPFEHLUNG

Passt zu Pasta und Risotto, gebratenem oder gegrilltem Fleisch und Fisch. Einfach ein italienischer Allrounder für die tägliche Küche.

PESTO »CHIMICHURRI STYLE«

Für 1 Glas à 250 ml

1 Bund glatte Petersilie
4 Stängel Thymian
2 Knoblauchzehen
1 Lorbeerblatt
1 TL getrockneter Oregano
2 TL Chiliflocken
1 TL geräuchertes Paprikapulver
75 ml Olivenöl
Salz
frisch gemahlener Pfeffer
1 EL Rotweinessig

Die Petersilie und den Thymian waschen, trockentupfen und die Blätter abzupfen. Den Knoblauch abziehen. Das Lorbeerblatt zerbröseln und im Mörser fein zerstoßen. Die Kräuter, den Knoblauch, den Oregano, die Chiliflocken und das Paprikapulver zugeben und mit dem Stößel zerkleinern. Anschließend das Olivenöl untermengen. Zuletzt mit Salz, Pfeffer und dem Rotweinessig würzen.

Das fertige Pesto in ein sauberes Schraubglas füllen. Im Kühlschrank aufbewahren und innerhalb von 1 Woche verbrauchen.

SERVIEREMPFEHLUNG

Passt zu gegrilltem Fleisch, vor allem Rind und Lamm. Auch als Marinade für rohen Fisch als Ceviche geeignet.

SÜSSE PESTOS

SALZIGES BANANEN-ERDNUSS-PESTO

Für 1 Glas à 200 ml

50 g Bananenchips
50 g gesalzene geröstete Erdnusskerne
1 unbehandelte Limette
1 Stück Ingwer (1 cm)
75 ml Rapsöl

Die Bananenchips mit den Erdnusskernen im Mörser zerstoßen. Die Limette heiß waschen, trockentupfen, die Schale fein abreiben. Den Ingwer schälen und reiben. Die Limettenschale, den Ingwer und das Öl zur Bananen-Erdnuss-Mischung geben.

Das fertige Pesto in ein sauberes Schraubglas füllen. Im Kühlschrank aufbewahren und innerhalb von 1–2 Wochen verbrauchen.

SERVIEREMPFEHLUNG

Passt zu Vanille- und Schokoeis oder Parfait, zu Pancakes und Pfannkuchen oder zu cremigem Cheesecake.

NEW ELVIS PRESLEY TOAST MIT SALZIGEM BANANEN-ERDNUSS-PESTO

Für 1 Person

2 Scheiben Weizen- oder Dinkeltoast
1–2 EL Frischkäse
2 EL salziges Bananen-Erdnuss-Pesto
2 TL Preiselbeeren aus dem Glas

Die Brotscheiben toasten und mit Frischkäse bestreichen. Das Pesto und die Preiselbeeren darauf verteilen und genießen.

Wer mag, kann zusätzlich frische Bananenscheiben auf den Toast legen.

FRÜCHTETEE-PESTO

Für 1 Glas à 200 ml

60 g Pinienkerne
3 TL loser Waldbeeren-Früchtetee
50 g weiße Schokolade
50 ml Rapsöl
Salz
2 Msp. Zimtpulver

Die Pinienkerne in einer Pfanne ohne Fettzugabe anrösten, anschließend abkühlen lassen.

Den Waldfrüchtetee im Mörser fein zerstoßen. Pinienkerne zugeben und ebenso zerkleinern. Die weiße Schokolade raspeln und mit den Pinienkernen, dem Früchtetee und dem Öl vermengen. Zuletzt mit 1 Prise Salz und Zimt würzen.

Das fertige Pesto in ein sauberes Schraubglas füllen. Im Kühlschrank aufbewahren und innerhalb von 2 Wochen verbrauchen.

SERVIEREMPFEHLUNG

Passt zu Schichtdesserts, als Topping für Müsli, Milchreis, Grießflammeri, Joghurt- oder Quarkmousse oder Eis.

SCHWARZTEE-SCHOKOLADEN-PESTO

Für 1 Glas à 200 ml

20 g gehackte Mandelkerne
2 TL loser Ostfriesentee
1 TL getrocknete Minze
3 EL helle Sesamsaat
50 g dunkle Schokolade (mind. 85 % Kakaoanteil)
50 ml Rapsöl

Die Mandeln in einer Pfanne ohne Fettzugabe rösten, anschließend abkühlen lassen. Den Tee, die Minze und den Sesam im Mörser fein zerstoßen. Die Schokolade fein reiben oder klein hacken. Zusammen mit dem Rapsöl zur Teemischung geben und alles vermischen.

Das fertige Pesto in ein sauberes Schraubglas füllen. Im Kühlschrank aufbewahren und innerhalb von 1 Woche verbrauchen.

SERVIEREMPFEHLUNG

Passt zu Crêpes und Pfannkuchen, Quark- und Joghurtzubereitungen, als Füllung für Hefe- und Mürbeteiggebäcke.

BRATAPFEL-PESTO

Für 1 Glas à 250 ml

30 g gehackte Mandelkerne
30 g Walnusskerne
½ Vanilleschote
½ unbehandelte Zitrone
2 Gewürznelken
1 TL Zimtpulver
2 getrocknete Apfelringe
30 g Marzipan
70 ml Rapsöl

Die Mandeln und Walnüsse in einer Pfanne ohne Fettzugabe anrösten, anschließend abkühlen lassen. Die Vanilleschote längs aufschneiden und das Mark herauskratzen. Die Zitrone heiß waschen, trockentupfen und die Schale fein abreiben.

Die Nelken im Mörser fein zerstoßen. Die Mandeln und Walnüsse mit dem Zimt und dem Vanillemark in den Mörser geben und fein zerstoßen. Die Apfelringe klein hacken und zugeben. Das Marzipan auf der feinen Seite der Küchenreibe dazu raspeln. Zuletzt das Öl unterrühren

Das fertige Pesto in ein sauberes Schraubglas füllen. Im Kühlschrank aufbewahren und innerhalb 1–2 Wochen verbrauchen.

SERVIEREMPFEHLUNG

Passt zu gegrillten Äpfeln und Birnen, Schichtdesserts mit Quark, Joghurt und Mascarpone. Zum Füllen von Crêpes, Buchteln und anderen süßen Hefegebäcken.

BRATAPFELKUCHEN

Für etwa 12 Stück
Zubereitungszeit: 20 Minuten
Backzeit: 30 Minuten

Butter zum Einfetten
175 g Weizenmehl Type 405
Salz
100 g Zucker
150 g Naturjoghurt (3,8 % Fettgehalt)
4 Eier
1 Glas Bratapfel-Pesto (250 ml)
150 g Puderzucker
2–3 EL frisch gepresster Zitronensaft
gefriergetrocknete Apfelchips

Den Backofen auf 175 °C Ober-/Unterhitze vorheizen. Eine Backform (20 x 25 cm) mit Butter einfetten.

Für den Teig das Mehl mit 1 Prise Salz und dem Zucker mischen. Den Joghurt und die Eier unterrühren. Zuletzt das Bratapfel-Pesto unter den Teig mischen und in die vorbereitete Form füllen. Im vorgeheizten Backofen auf dem mittleren Einschub 25–30 Minuten backen. Den Kuchen anschließend abkühlen lassen.

Für den Guss den Puderzucker mit dem Zitronensaft verrühren. Den Kuchen damit überziehen und mit einigen Apfelchips bestreuen. Den Guss fest werden lassen. Den Kuchen dann in Stücke schneiden und servieren.

SÜSS-SCHARFES INGWER-PESTO

Für 1 Glas à 200 ml

1 TL Koriandersaat
50 g geröstete Sojakerne
50 g kandierter Ingwer, in Sirup eingelegt
50 ml Rapsöl
Cayennepfeffer
Salz

Den Koriander im Mörser fein zerstoßen. Sojakerne zugeben und nicht zu fein zerkleinern. Den Ingwer hacken und mit 2–3 EL des Sirups, dem Rapsöl, je 1 Prise Cayennepfeffer und Salz unterrühren.

Das fertige Pesto in ein sauberes Schraubglas füllen. Im Kühlschrank aufbewahren und innerhalb von 2 Wochen verbrauchen.

SERVIEREMPFEHLUNG

Passt zu milden und würzigen Käsesorten und Desserts mit dunkler, herber Schokolade mit mindestens 75 % Kakaoanteil.

KAFFEE-ROSINEN-PESTO

Für 1 Glas à 200 ml

2 EL Kaffeebohnen
½ Vanilleschote
70 g Cashewkerne
3 EL Rosinen
50 ml Rapsöl
Salz

Die Kaffeebohnen im Mörser fein zerstoßen. Die Vanilleschote aufschneiden, das Mark auskratzen und zugeben. Die Cashewkerne hinzufügen und nicht zu fein zerstoßen. Die Rosinen auf einem Schneidbrett hacken und zugeben. Dann das Öl aufgießen, mit 1 Prise Salz würzen und alles vermengen.

Das fertige Pesto in ein sauberes Schraubglas füllen. Im Kühlschrank aufbewahren und innerhalb von 1–2 Wochen verbrauchen.

SERVIEREMPFEHLUNG

Passt zu Crêpes, als Topping für Rührkuchen und Cheesecakes, als Füllung für Blätter- und Hefeteiggebäck.

ORANGEN-LAVENDEL-PESTO

Für 1 Glas à 200 ml

1 Stück Ingwer (2 cm)
30 g kandierte Orangen
1 TL getrocknete Lavendelblüten
(erhältlich als Tee z. B. im Bioladen)
50 g gehackte Haselnusskerne
50 ml Haselnussöl
1 Prise Salz

Den Ingwer schälen und in Stücke schneiden. Die kandierten Orangen mit dem Ingwer und den Lavendelblüten in einem Multizerkleinerer (Küchenmaschine mit Schneidmesser) zerkleinern. Die Haselnüsse und das Öl zugeben und alles zu einem Pesto verarbeiten. Dabei nach Bedarf die Zutaten immer wieder mit einem Gummispatel von den Seiten nach unten schieben. Zuletzt mit 1 Prise Salz würzen.

Das fertige Pesto in ein sauberes Schraubglas füllen. Im Kühlschrank aufbewahren und innerhalb von 1 Woche verbrauchen.

SERVIEREMPFEHLUNG

Passt zu milden und würzigen Käsesorten, ebenso zu Mousse mit Quark und Joghurt. Auch lecker als Topping für Milchreis, Buchteln oder Crêpes.

ROSENBLÜTEN-PISTAZIEN-PESTO

Für 1 Glas à 200 ml

50 g Pistazienkerne
50 g gehackte Mandelkerne
2 EL getrocknete Rosenblüten
(erhältlich z. B. im Biomarkt, Reformhaus)
1 TL getrocknete Minze
2 TL flüssiger Honig
75 ml Rapsöl

Die Pistazien und die Mandeln in einer Pfanne ohne Fettzugabe anrösten und abkühlen lassen. Anschließend die Rosenblüten mit den Pistazien, den Mandeln und der Minze im Mörser fein zerstoßen. Nun den Honig und das Öl unterrühren.

Das fertige Pesto in ein sauberes Schraubglas füllen. Im Kühlschrank aufbewahren und innerhalb von 1–2 Wochen verbrauchen.

SERVIEREMPFEHLUNG

Passt zu Crêpes, Pfannkuchen, Gebäckstücken aus Strudelteig, Hefeteig oder Mürbeteig. Verfeinert Milchreis, Quarkspeisen oder Müsli.

ZITRONEN-MOHN-PESTO

Für 1 Glas à 200 ml

50 g gehackte Mandelkerne
2 EL gemahlener Mohn
1 unbehandelte Zitrone
1 kleiner Zweig Rosmarin
3 getrocknete entsteinte Datteln
3 EL Apfelsaft
50 ml Rapsöl

Die Mandeln in einer Pfanne ohne Fettzugabe anrösten, den Mohn zugeben und weiter rösten, bis er zu duften beginnt. Die Mischung in ein anderes Gefäß umfüllen und abkühlen lassen.

Die Zitrone heiß waschen, trockentupfen und die Schale dünn abreiben. Den Rosmarin waschen, trockentupfen, die Nadeln abzupfen und hacken. Die Datteln ebenso hacken. Alle Zutaten in einer Schale mit dem Apfelsaft und dem Öl verrühren.

Das fertige Pesto in ein sauberes Schraubglas füllen. Im Kühlschrank aufbewahren und innerhalb von 1–2 Wochen verbrauchen.

SERVIEREMPFEHLUNG

Passt zu milden Käsesorten, insbesondere Frisch- und Weichkäse. Tipp: gegrillte Hähnchenbrust und helle Fischfilets mit dem Pesto nach dem Garen bestreichen oder zu Kürbisspalten aus dem Ofen reichen.

BUCHTELN MIT ZITRONEN-MOHN-PESTO

Für 4 Personen
Zubereitungszeit: 30 Minuten plus
Gehzeit 1 Stunde 20 Minuten
Backzeit: 45 Minuten

350 g Weizenmehl Type 405 plus
mehr zum Bearbeiten
Salz
30 g Zucker
1 Päckchen Trockenhefe
200 ml lauwarme Milch
50 g weiche Butter plus mehr für die Form
2 Eigelb
1 Glas Zitronen-Mohn-Pesto
(200 ml; Rezept siehe Seite 197)
2 EL Zitronenmarmelade
2 EL flüssige Sahne
Puderzucker zum Bestauben
Vanillesauce zum Servieren

Das Mehl mit 1 Prise Salz, dem Zucker und der Trockenhefe in eine Schüssel geben und mischen. Die lauwarme Milch, die Butter und ein Eigelb zugeben. Alles zu einem glatten, geschmeidigen Teig verkneten. Diesen abgedeckt 45 Minuten gehen lassen.

Eine Backform mit Butter einfetten. Anschließend den Teig auf der leicht bemehlten Arbeitsfläche etwa 30 x 40 cm groß ausrollen und in 18–20 Stücke schneiden. Das Pesto mit der Zitronenmarmelade verrühren. Jeweils 1 TL Zitronen-Mohn-Pesto daraufgeben, die Teigstücke gut verschließen und rund formen. Die Bällchen mit dem Teigschluss nach unten in die vorbereitete Form legen. Abgedeckt weitere 30–40 Minuten gehen lassen. Den Backofen inzwischen auf 175 °C Ober-/Unterhitze vorheizen.

Das übrige Eigelb mit der Sahne verquirlen, die aufgegangenen Buchteln damit einstreichen und im Backofen auf dem mittleren Einschub etwa 45 Minuten backen.

Zum Anrichten nach Belieben mit Puderzucker bestauben und mit Vanillesauce servieren.

SÜSSES MATCHA-APFEL-PESTO

Für 1 Glas à 200 ml

50 g Kürbiskerne
30 g gefriergetrocknete, knusprige Apfelchips
1 TL gemahlener Matchatee
80 ml Rapsöl

Die Kürbiskerne in einer Pfanne ohne Fettzugabe anrösten, anschließend abkühlen lassen. Die Apfelscheiben mit den Kürbiskernen und dem Matchatee im Mörser fein zerstoßen. Zuletzt das Öl unterrühren.

Das fertige Pesto in ein sauberes Schraubglas füllen. Im Kühlschrank aufbewahren und innerhalb von 1–2 Wochen verbrauchen.

Info
Für dieses Pesto unbedingt gefriergetrocknete Apfelchips verwenden. Sie geben dem Pesto ein unvergleichlich fruchtiges Aroma und einen schönen »Knack«.

SERVIEREMPFEHLUNG

Passt zu Parfaits und Sahneeis, als Topping für cremige Kuchen, etwa Käsekuchen, zu Milchreis, Armen Rittern und Brot- oder Quarkauflauf.

KÜRBISKERN-ZIMT-PESTO

Für 1 Glas à 200 ml

60 g Kürbiskerne
1 Zimtstange
2 Kapseln Kardamom
3 EL getrocknete Cranberrys
50 ml Rapsöl

Die Kürbiskerne in einer Pfanne ohne Fettzugabe anrösten, anschließend abkühlen lassen. Die Zimtstange in kleine Stücke brechen, die Samen der Kardamomkapseln auslösen. Beides im Mörser fein zerstoßen. Die Kürbiskerne zugeben und zerkleinern.

Die Cranberrys hacken und mit dem Öl unter die Kürbiskernmischung rühren.

Das Pesto in ein sauberes Schraubglas füllen. Im Kühlschrank aufbewahren und innerhalb von 1–2 Wochen verbrauchen.

SERVIEREMPFEHLUNG

Passt zu milden und würzigen Käsesorten, luftgetrocknetem Schinken; ebenso zu frisch gebackenen Waffeln, Pancakes und als Aufstrich zum Frühstück.

GEBRANNTE-MANDELN-PESTO MIT CHAI-GEWÜRZTEE

Für 1 Glas à 200 ml

2 TL loser Chai-Gewürztee (Bio-Qualität)
100 g gebrannte Mandelkerne
2 EL Gojibeeren
60 ml Rapsöl

Den Chai-Gewürztee im Mörser fein zerstoßen. Die gebrannten Mandeln zugeben und mit dem Stößel fein zerkleinern. Die Gojibeeren hacken, hinzufügen und untermischen. Zuletzt das Öl unterrühren.

Das fertige Pesto in ein sauberes Schraubglas füllen. Im Kühlschrank aufbewahren und innerhalb von 1–2 Wochen verbrauchen.

SERVIEREMPFEHLUNG

Passt zu weihnachtlichen Desserts, wie gefüllten Crêpes, Parfait, Schichtdesserts, fruchtigen Mousses. Auch zum Füllen von Hefe- oder Mürbeteiggebäck.

LEBKUCHEN-PESTO

Für 1 Glas à 200 ml

50 g gehackte Mandelkerne
½ unbehandelte Orange
½ Zimtstange
5 getrocknete schwarze Pfefferkörner
1 TL Anissamen
2 Pimentkörner
3 Gewürznelken
frisch geriebene Muskatnuss
50 g Orangeat (alternativ getrocknete oder kandierte Orangenstücke)
50 ml Rapsöl

Die Mandeln in einer Pfanne ohne Fettzugabe anrösten, anschließend abkühlen lassen. Die Orange heiß waschen, trockentupfen und die Schale fein abreiben. Die Zimtstange in kleine Stücke brechen und zusammen mit den übrigen Gewürzen sowie 3 Prisen Muskatnuss im Mörser fein zerstoßen. Das Orangeat fein hacken.

Orangenschale, Mandeln, Orangeat zu den Gewürzen geben und fein mörsern. Zuletzt mit dem Rapsöl verrühren.

Das fertige Pesto in ein sauberes Schraubglas füllen. Im Kühlschrank aufbewahren und innerhalb von 1–2 Wochen verbrauchen.

SERVIEREMPFEHLUNG

Passt ideal zu weihnachtliche Desserts mit Mascarpone, Quark oder Joghurt; außerdem zum Füllen von Weihnachtsgebäck, süßen Brötchen oder als Aufstrich zum Frühstück.

HERBES SCHOKOLADEN-WALNUSS-PESTO MIT KAFFEE

Für 1 Glas à 200 ml

50 g Walnusskerne
50 g getrocknete blaue Weintrauben
50 g dunkle Schokolade (90 % Kakaoanteil)
5 Kaffeebohnen
Meersalzflocken
50 ml Rapsöl

Die Walnusskerne grob hacken und in einer Pfanne ohne Fettzugabe anrösten. Zum Abkühlen in ein anderes Gefäß umfüllen. Die Weinbeeren auf einem Schneidbrett fein hacken. Die Schokolade auf der groben Seite der Küchenreibe raspeln. Die Kaffeebohnen im Mörser fein zerstoßen. Anschließend die Walnüsse, die Weinbeeren, die Schokolade, die Kaffeebohnen und 1 Prise Meersalzflocken mit dem Öl vermischen.

Das fertige Pesto in ein sauberes Schraubglas füllen. Im Kühlschrank aufbewahren und innerhalb von 1–2 Wochen verbrauchen.

SERVIEREMPFEHLUNG

Passt zu milden und würzigen Käsesorten, insbesondere Weichkäse. Auch als Begleitung zu luftgetrocknetem Schinken, zu Raclette oder als Fonduesauce.

APFEL-SCHICHTDESSERT MIT HERBEM SCHOKOLADEN-WALNUSS-PESTO MIT KAFFEE

Für 4 Personen
Zubereitungszeit: 30 Minuten

3 Äpfel (z. B. Sorte Boskop)
Saft von ½ Zitrone
1–2 EL Rohrohrzucker (nach Geschmack)
1 EL echter Vanillezucker
500 g griechischer Joghurt
4 EL Herbes Schokoladen-Walnuss-Pesto mit Kaffee

Die Äpfel waschen, schälen, entkernen und würfeln. Die Apfelwürfel mit dem Zitronensaft, dem Zucker und dem Vanillezucker in einem Topf erhitzen. Bei mittlerer Temperatur in etwa 5 Minuten weich kochen.

Das Apfelkompott nach dem Abkühlen in vier Dessertschalen verteilen und den Joghurt daraufgeben. Mit dem Pesto beträufeln und servieren.

SÜSSES PINIENKERN-KOKOS-PESTO

Für 1 Glas à 220 ml

50 g Pinienkerne
3 EL Kokosraspel
50 g getrocknete Ananasstücke
½ Tonkabohne
70 ml Rapsöl

Die Pinienkerne in einer Pfanne ohne Fettzugabe bei mittlerer Temperatur hell anrösten, dann die Kokosraspel zugeben und beides goldbraun anrösten. Anschließend in ein anderes Gefäß umfüllen und abkühlen lassen.

Die Pinienkern-Kokos-Mischung mit der Ananas in einen Multizerkleinerer (Küchenmaschine mit Schneidmesser) geben, die Tonkabohne dazureiben und alles klein häckseln. Dabei nach Bedarf die Zutaten immer wieder mit einem Gummispatel von den Seiten nach unten schieben. Zuletzt das Rapsöl untermischen.

Das fertige Pesto in ein sauberes Schraubglas füllen. Im Kühlschrank aufbewahren und innerhalb von 1–2 Wochen verbrauchen.

SERVIEREMPFEHLUNG

Passt zu Eis und Parfait, verfeinert Schichtdesserts mit Quark, Ricotta und Mascarpone. Mit ½ TL Chili vermischt, passt das Pesto ebenso zu würzigen Weichkäsen, luftgetrocknetem Schinken und geräucherten Würsten.

SÜSS-SCHARFES SESAM-KAKAO-PESTO

Für 1 Glas à 200 ml

1 Stück Ingwer (3 cm)
2 EL Puderzucker
40 g getrocknete Ananasstücke
2 EL Kakaonibs
1 TL Backkakao
30 g helle Sesamsaat
1 TL Zimtpulver
frisch gemahlener schwarzer Pfeffer
50 ml Rapsöl

Den Ingwer schälen und hacken. Zusammen mit dem Puderzucker in einer Pfanne karamellisieren. Zum Abkühlen beiseitestellen.

Im Anschluss den Ingwer, die Ananas, die Kakaonibs, den Backkako, den Sesam, den Zimt und 2 Prisen Pfeffer im Multizerkleinerer (Küchenmaschine mit Schneidmesser) häckseln. Dabei nach Bedarf die Zutaten immer wieder mit einem Gummispatel von den Seiten nach unten schieben. Zuletzt das Öl unterrühren.

Das fertige Pesto in ein sauberes Schraubglas füllen. Im Kühlschrank aufbewahren und innerhalb von 1–2 Wochen verbrauchen.

SERVIEREMPFEHLUNG

Passt zu Parfaits, Mousse aus Quark oder Joghurt, zum Verfeinern von Crêpes und Pancakes, zum Füllen von Hefe- und Mürbeteiggebäck.

DATTEL-MINZ-PESTO

Für 1 Glas à 200 ml

30 g Pinienkerne
1 Bund frische Minze
½ unbehandelte Zitrone
100 g getrocknete entsteinte Datteln
50 ml Rapsöl

Die Pinienkerne in einer Pfanne ohne Fettzugabe oder im Backofen anrösten. Anschließend abkühlen lassen. Die Minze waschen, trockentupfen und die Blätter abzupfen. Die Zitrone heiß waschen, trockentupfen und die Schale fein abreiben.

Alle vorbereiteten Zutaten mit den Datteln und dem Rapsöl im Multizerkleinerer (Küchenmaschine mit Schneidmesser) häckseln und mischen. Dabei nach Bedarf die Zutaten immer wieder mit einem Gummispatel von den Seiten nach unten schieben.

Das fertige Pesto in ein sauberes Schraubglas füllen. Im Kühlschrank aufbewahren und innerhalb von 1–2 Wochen verbrauchen.

SERVIEREMPFEHLUNG

Passt zu geräuchertem Fisch und luftgetrocknetem Schinken, würzigem Schnittkäse sowie zum Verfeinern von Frischkäseaufstrichen oder Buttermischungen.

SÜSSES SCHOKOLADEN-ORANGEN-PESTO

Für 1 Glas à 200 ml

30 g Pinienkerne
30 g kandierte Orangen
50 g Zartbitterschokolade (70 % Kakaoanteil)
½ TL Paradieskörner (z. B. online erhältlich)
30 ml Rapsöl
2 EL Walnussöl

Die Pinienkerne in einer Pfanne ohne Fettzugabe bei mittlerer Temperatur oder im Backofen anrösten und abkühlen lassen. Die Orangen und die Schokolade fein hacken. Die Paradieskörner im Mörser zerstoßen. Die übrigen vorbereiteten Zutaten mit in den Mörser geben und zerstoßen. Zuletzt beide Öle untermischen.

Das fertige Pesto in ein sauberes Schraubglas füllen. Im Kühlschrank aufbewahren und innerhalb von 1–2 Wochen verbrauchen.

SERVIEREMPFEHLUNG

Passt als Füllung für Hefe- und Mürbeteiggebäcke, als Füllung für Crêpes, Buchteln, zum Verfeinern von Aufstrichen oder Schichtdesserts.

HIBISKUS-PISTAZIEN-PESTO

Für 1 Glas à 200 ml

2 EL getrocknete Hibiskusblüten (z. B. als Tee erhältlich im Biomarkt, Reformhaus)
½ unbehandelte Zitrone
50 g Pistazienkerne
1 TL getrocknete Minze
50 ml Rapsöl
2 EL Cranberrys

Die Hibiskusblüten im Mörser fein zerreiben. Die Zitrone heiß waschen, trockentupfen und die Schale fein abreiben. Die Pistazien, die getrocknete Minze und die Zitronenschale zu den Hibiskusblüten geben. Alles fein zerstoßen, anschließend das Rapsöl unterrühren. Die Cranberrys fein hacken und zuletzt unter das Pesto mischen.

Das fertige Pesto in ein sauberes Schraubglas füllen. Im Kühlschrank aufbewahren und innerhalb von 1–2 Wochen verbrauchen.

SERVIEREMPFEHLUNG

Passt als Aufstrich zu Brioche und anderen süßen Hefebroten. Verfeinert Schichtdesserts, zum Füllen von Gebäckstücken, zu gereiftem Weichkäse oder zu gegrilltem Obst.

GEFÜLLTE CRÊPES MIT HIBISKUS-PISTAZIEN-PESTO

Für 4 Personen
Zubereitungszeit: 30 Minuten

150 g Weizenmehl Type 405
3 Eier
300 ml Milch
Salz
Butter zum Braten
250 g Mascarpone
2 EL Rohrohrzucker
1 EL echter Vanillezucker
Saft und fein abgeriebene Schale von ½ unbehandelte Zitrone
4 EL Hibiskus-Pistazien-Pesto
Puderzucker zum Bestauben

Für den Crêpes-Teig das Mehl mit den Eiern, der Milch und 1 Prise Salz glatt rühren. In einer Pfanne wenig Butter schmelzen, eine Kelle Teig hineingeben und durch Schwenken gleichmäßig verteilen. Den Crêpe hell backen, wenden, ebenfalls kurz backen und auf einem Teller stapeln. Nacheinander den Teig auf diese Weise verarbeiten.

Für die Creme den Mascarpone mit dem Rohrohrzucker, dem Vanillezucker, dem Schalenabrieb und dem Zitronensaft verrühren. Die Crêpes mit der Creme bestreichen, aufrollen und in Stücke schneiden.

Mit dem Pesto beträufeln, etwas Puderzucker darüberstauben und servieren.

MANGO-INGWER-PESTO

Für 1 Glas à 200 ml

1 Stück Ingwer (1 cm)
50 g getrocknete Mangostücke
30 g ungesalzene Erdnusskerne
50 ml Rapsöl
½ TL Kurkumapulver
1 Msp. Chiliflocken
Salz

Den Ingwer schälen und in Stücke schneiden. Die Mangostücke mit dem Ingwer, den Erdnusskernen, dem Öl, dem Kurkumapulver, den Chiliflocken und 1 Prise Salz im Multizerkleinerer (Küchenmaschine mit Schneidmesser) zerkleinern. Dabei nach Bedarf die Zutaten immer wieder mit einem Gummispatel von den Seiten nach unten schieben.

Das fertige Pesto in ein sauberes Schraubglas füllen. Im Kühlschrank aufbewahren und innerhalb von 1–2 Wochen verbrauchen.

SERVIEREMPFEHLUNG

Passt zu milden und würzigen Käsesorten, als Topping für Eis und Sorbet, als Brotaufstrich oder Dip.

SÜSSES ERDBEER-SESAM-PESTO

Für 1 Glas à 200 ml

30 g helle Sesamsaat
1 TL Koriandersaat
20 g gefriergetrocknete Erdbeeren
½ unbehandelte Limette
50 ml Rapsöl

Den Sesam, Koriander und die gefriergetrockneten Erdbeeren im Mörser zerkleinern. Die Limette heiß waschen, trockentupfen und die Schale abreiben. Limettenschale und das Rapsöl zur Erdbeermischung geben und alles verrühren.

Das fertige Pesto in ein sauberes Schraubglas füllen. Im Kühlschrank aufbewahren und innerhalb von 1–2 Wochen verbrauchen.

SERVIEREMPFEHLUNG

Passt zu Crêpes, Pfannkuchen und Pancakes, zum Verfeinern von Müslis, Crèmedesserts, Mousses und Eis.

SANDDORN-MANDEL-PESTO

Für 1 Glas à 200 ml

50 g Pinienkerne
1 Bund frische Minze
30 g getrocknete Sanddornbeeren
3 getrocknete entsteinte Datteln
50 ml Rapsöl

Die Pinienkerne in einer Pfanne ohne Fettzugabe anrösten, anschließend abkühlen lassen. Die Minze waschen, trockentupfen und die Blätter abzupfen. Die getrockneten Sanddornbeeren im Mörser zerstoßen. Die Pinienkerne und die Minze zugeben und zerstampfen. Die Datteln klein hacken und mit dem Rapsöl unterrühren. Alternativ mit Multizerkleinerer (Küchenmaschine mit Schneidmesser) zubereiten.

Das fertige Pesto in ein sauberes Schraubglas füllen. Im Kühlschrank aufbewahren und innerhalb von 1 Woche verbrauchen.

SERVIEREMPFEHLUNG

Passt zu Quarkspeisen, wie Crèmes und Aufläufen, gefüllten Crêpes, als Brotaufstrich, zum Verfeinern für Rührteige oder zum Füllen von Hefegebäck.

FEIGEN-ROSMARIN-PESTO

Für 1 Glas à 200 ml

3 Zweige Rosmarin
2 EL Zucker
30 g gehackte Haselnusskerne
100 g getrocknete Feigen
50 ml Rapsöl

Den Rosmarin waschen, trockentupfen, die Nadeln abzupfen. Die Nadeln mit dem Zucker und 2 EL Wasser in einem kleinen Topf erhitzen. So lange köcheln lassen, bis das Wasser verkocht und der Zucker goldbraun karamellisiert ist. Zum Abkühlen in ein anderes Gefäß umfüllen.

Die Haselnüsse mit dem karamellisierten Rosmarin im Mörser zerstoßen. Die Feigen im Multizerkleinerer (Küchenmaschine mit Schneidmesser) klein häckseln. Zuletzt die Rosmarin-Haselnuss-Mischung und das Öl unterrühren.

Das fertige Pesto in ein sauberes Schraubglas füllen. Im Kühlschrank aufbewahren und innerhalb von 1 Woche verbrauchen.

SERVIEREMPFEHLUNG

Passt zu würzigen, gut gereiften Käsesorten, zu deftigen Aufläufen mit Kartoffeln und Wintergemüse, als Füllung für Crêpes mit würziger Auflage und zu Bittersalaten, wie Radicchio, Chicorée und Endivien.

EXOTISCHES FRUCHT-PESTO

Für 1 Glas à 200 ml

100 g getrocknete exotische Nuss-Frucht-Mischung (z. B. mit Ananas, Mango, Ingwer, Cashewkernen, Kokos, Rosinen, Papaya)
60 ml Rapsöl

Die Nuss-Frucht-Mischung im Multizerkleinerer (Küchenmaschine mit Schneidmesser) klein häckseln. Das Öl zugeben und untermischen. Dabei nach Bedarf die Zutaten immer wieder mit einem Gummispatel von den Seiten nach unten schieben.

Das fertige Pesto in ein sauberes Schraubglas füllen. Im Kühlschrank aufbewahren und innerhalb von 1 Woche verbrauchen.

SERVIEREMPFEHLUNG

Passt als Topping für Müslis, Schichtdesserts, zum Füllen von Hefe- und Mürbeteiggebäck. Auch ideal für eine würzige Käseauswahl, zu luftgetrocknetem Schinken oder zu Eis.

REGISTER

Grundrezept,
Basilikum-Pesto 18

HERZHAFTE PESTOS

Kräuter, Blüten und noch mehr Grünzeug 24 ff

7-Kräuter-Pesto mit Vitalkernen 41
Bärlauch-Pesto 44
Basilikum Zitronenverbene-Pesto 58
Blüten-Pesto 24
Brennnessel-Pesto 32
Brunnenkresse-Pesto 60
Cremiges Spinat-Pesto 30
Cremiges Wildkräuter-Pesto 25
Fein-säuerliches Kerbel-Pesto 33
Feldsalat-Pesto 45
Feldsalat-Pesto mit Stromboli und Hirtenkäse 46
Frühlingszwiebel-Apfel-Pesto 53
Gartenkresse-Pesto 49
Gebackene Karottenbällchen mit scharfem Petersiliem Pesto 38
Gehacktes Zucchiniblüten-Pesto 45
Giersch-Pesto 37
Kapuzinerkresse-Pesto 43
Karottenbällchen, gebacken, mit scharfen Petersilien Pesto 38
Karottengrün-Pesto 28
Koriander-Erdnuss-Pesto, würziges 62
Koriander-Kokos-Pesto 50
Kräuter-Sardellen-Pesto 54
Kürbis-Linsen-Salat mit cremigen Spinate Pesto 30
Löwenzahn-Pesto 61
Naan Brot mit Basilikum-Zitronenverbene-Pesto 58
Pesto-Sauce für Fisch 44
Petersilie-Sojakern-Pesto 40
Petersilien Pesto, scharfes 38
Petersilien-Pesto, würziges 26
Radieschengrün-Pesto 36
Rucola-Haselnuss-Pesto 63
Rucola-Rauchmandel-Pesto 29
Sauerampfer-Pesto 42
Scharfes Petersilien-Pesto 38
Schnittlauch-Macadamia Pesto mit Lavendel 57
Schnittlauch-Oliven-Pesto 48
Schnittlauch-Pesto mit Curry 34
Spinat-Pesto, cremiges 30
Sprossen-Pesto 52
Stromboli mit Hirtenkäse und Feldsalat-Pesto 46
Walnuss-Basilikum-Pesto 56
Wilkräuter Pesto, cremiges 25
Würziges Koriander-Erdnuss-Pesto 62
Würziges Petersilien-Pesto 26
Zucchiniblüten-Pesto 45

Gemüse 64 ff

Auberginen-Pesto 72
Avocado-Walnuss-Pesto 88
Brokkoli-Apfel-Pesto 77
Erbsen-Pesto 80
Fenchelgrün-Pesto 68
Frisches Tomaten-Pesto 81
Glasnudelsalat mit Kürbis-Kokos-Pesto 70
Grünkohl-Pesto 78
Karotten-Pesto, rauchiges 80
Kürbis-Kokos-Pesto 70
Kürbis-Sesam-Pesto 84
Mais-Koriander-Pesto 74
Mangold-Pesto 69
Papa-Arrugadas – Spanische Salzkartoffeln mit drei verschiedenen Pestos 82
Pilz-Pesto 89
Rauchiges Karotten-Pesto 80
Rosenkohl-Pistazien-Pesto 85
Rote-Bete-Hanf-Pesto 86
Salzkartoffeln, spanische, mit drei verschiedenen Pestos – Papa-Arrugadas 82
Spargel-Pesto 76
Suppengemüse-Pesto 66
Tomaten-Pesto, frisches 81
Tomaten-Pesto, würziges 81
Vollkornbrote mit Matjes und Rote-Bete-Hanf-Pesto 86
Würziges Tomaten-Pesto 81
Zucchini-Pesto 73

Gewürze 90 ff

BBQ-Pesto 107
Café-de-Paris-Pesto 108
Camembert mit Pumpernickel und Kardamom-Kakao-Pesto 98
Curry-Koriander-Pesto 101
Dukkah-Pesto 102
Five-Spice-Pesto, fruchtiges 95
Fruchtiges Five-Spice-Pesto 95
Gewürz-Pesto, süß-scharfes 104
Golden Pesto 92
Grünes Pfeffer-Pesto 94
Joghurt, Granola und golden Pesto 92
Kardamom-Kakao-Pesto mit Sojakernen 98
Masala-Pesto 100
Paprika Curry-Pesto 109
Rosen-Kardamom-Pesto mit Basilikum 92
Senf-Aprikosen-Pesto 96
Süss-Scharfes Gewürz-Pesto 104
Wasabi-Macademia-Pesto 106
Zatar-Pesto 103

Aus aller Welt 110 ff

Arabisches Pesto 120
Arabisches Pesto mit Radicchiosalat und Kaki 118
Balinesisches Kräuter-Pesto 112
Bonito-Pesto, japanisches 114
Cajun-Nuss-Pesto 121

Französische Frisch-Dill-Pesto 123
Japanisches Bonito-Pesto 114
Japanisches Miso-Pesto 116
Kräuter-Pesto, balinesisches 112
Mexikanisches Pesto 117
Miso-Pesto, Japanisches 116
Orientalisches Pesto 115
Radicchiosalat mit Kaki und arabischen Pesto 118
Römersalat mit Cajun-Nuss-Pesto, Trauben und Ziegenfrischkäse 118
Thai-Pesto 122

Fruchtige Pestos 124 ff

Apfel Kürbiskern-Pesto 152
Apfel-Rosmarin-Pesto 130
Aprikosen-Pesto, scharfes 131
Aronia-Pfeffer-Pesto 136
Bacon-Pesto, würziges 140
Beeren-Pinienkern-Pesto 153
Beeren-Pinienkern-Pesto 154
Birnen-Lebkuchen-Pesto 141
Birnen-Safran-Pesto, würziges 134
Birnen-Salbei-Pesto 135
Chili-Orangen-Pesto, würziges 151
Cranberry-Kürbiskern-Pesto mit Belper-Knolle 147
Earl-Grey-Pflaumen-Pesto 144
Flammkuchen mit Kürbis und Orangen-Minz-Pesto 158
Goji-Koriander-Pesto 148
Granatapfel-Pesto 143
Heidelbeer-Kakao-Pesto 156
Holunderbeere-Tonka-Pesto 129
Ingwer-Nuss-Pesto mit Schwarzkümmel 137
Koriander-Kirsch-Pesto 132
Macademia-Aprikosen-Pesto 160
Manchego mit Pekan-Mango-Pesto 138
Orangen-Minz-Pesto 157
Pekan-Mango-Pesto 138
Pekannuss-Feigen-Pesto 155
Pesto Amalfi 142
Pfirsich-Pesto 128
Rosinen Dill Pesto, scharfes 161
Salbei-Schokoladen-Pesto 150
Sauerkirsch-Pesto, scharfes 146
Scharfes Aprikosen-Pesto 131
Scharfes Rosinen-Dill-Pesto 161
Scharfes Sauerkirsch-Pesto 146
Scharfes Sesam-Feigen-Pesto 157
Sesam-Feigen-Pesto, scharfes 157
Soja-Ananas-Pesto 126
Traubenkern-Minz-Pesto 149
Würziges Bacon-Pesto 140
Würziges Birnen-Safran-Pesto 134
Würziges Chili-Orangen-Pesto 151

Außergewöhnliches 162 ff

Basilikum-Erdmandel-Pesto 184
Brot-Pesto 176
Buchweizen-Dill-Pesto, zitroniges 169
Gerstenmalz-Pesto, würziges 168
Grüntee-Schnittlauch-Pesto 166
Herbes Schokoladen-Pesto 178
Knoblauch-Pesto, würziges 175
Maronen-Schnittlauch-Pesto 164
Mascarpone-Crème Brûlee mit Trüffel-Pesto 182
Melissen-Hanf-Pesto 172
Olive-Pesto 173
Pasta mit Pesto-Arrabiata 170
Pesto Amtriciana 185
Pesto Arrabiata 170
Pesto Chimchurri Style 185
Pesto mit schwarzen Nüssen 174
Petersilien-Pesto mit Ingwer, süß-scharfes 181
Pistazien-Dill-Pesto 179
Rösti mit Maronen-Schnittlauch-Pesto 164
Schokoladen-Pesto, herbes 178
Schwarztee-Ingwer-Pesto 167
Süß-scharfes Petersilien-Pesto mit Ingwer 181
Trüffel-Pesto 183
Wild-Pesto 180
Würziges Gerstenmalz-Pesto 168
Würziges Knoblauch-Pesto 175
Zitroniges Buchweizen-Dill-Pesto 169

SÜSSE PESTOS

Bananen-Erdnuss-Pesto 188
Bratapfel-Pesto 192
Bratapfelkuchen 192
Buchteln mit Zitronen-Mohn-Pesto 198
Crepês mit Hibiskus-Pistazien-Pesto 210
Dattel-Minu-Pesto 208
Erdbeer-Sesam-Pesto, süßes 213
Exotisches Fruch-Pesto 215
Feigen-Rosmarin-Pesto 214
Früchtetee-Pesto 190
Gebrannte-Mandel-Pesto mit Chai-Gewürztee 202
Herbes Schokoladen-Walnuss-Pesto mit Kaffee 204
Hibiskus-Pistazien-Pesto 210
Ingwer-Pesto, süß-scharfes 194
Kaffee-Rosinen-Pesto 195
Kürbiskern-Zimt-Pesto 201
Lebkuchen-Pesto 203
Mango-Ingwer-Pesto 212
Matcha-Apfel-Pesto, süßes 200
New Elvis Presley Toast mit salzigem Bananen Erdnuss-Pesto 188
Orangen-Lavendel-Pesto 196
Pinienkern-Kokos-Pesto, süßes 206
Rosenblüten-Pistazien-Pesto 197
Salziges Bananen-Erdnuss-Pesto 188
Sanddorn-Mandel-Pesto 214
Schokoladen-Orangen-Pesto, süßes 209
Schokoladen-Walnuss-Pesto mit Kaffee, herbes 204
Schwarztee-Schokoladen-Pesto 191
Sesam-Kakao-Pesto, süß-scharfes 207
Süß-scharfes Ingwer-Pesto 194
Süß-scharfes Sesam-Kakao-Pesto 207
Süßes Erdbeer-Sesam-Pesto 213
Süßes Matcha-Apfel-Pesto 199
Süßes Pinienkern-Kokos-Pesto 206
Süßes Schokoladen-Orangen-Pesto 209
Toast mit salzigen Bananen-Erdnuss-Pesto (New Elvis Presley Style) 188
Zitronen-Mohn-Pesto 197

REGISTER SERVIEREMPFEHLUNG

ALS AUFSTRICH

Apfel-Kürbiskern-Pesto 152
Auberginen-Pesto 72
Avocado-Walnuss-Pesto 88
Basilikum-Erdmandel-Pesto 184
Birnen-Salbei-Pesto 135
Blüten-Pesto 24
Brunnenkresse Pesto 60
Cremiges Spinat-Pesto 30
Cremiges Wildkräuter-Pesto 25
Dattel-Minz-Pesto 208
Earl-Grey-Pflaumen-Pesto 144
Erbsen-Pesto 80
Fenchelgrün-Pesto 68
Französisches Frisch-Dill-Pesto 123
Grünkohl-Pesto 78
Hibiskus-Pistazien-Pesto 210
Holunderbeere-Tonka-Pesto 129
Ingwer-Nuss-Pesto mit Schwarzkümmel 137
Karottengrün-Pesto 28
Kräuter-Sardellen-Pesto 54
Kürbis-Kokos-Pesto 70
Kürbis-Sesam-Pesto 84
Lebkuchen-Pesto 203
Mais-Koriander-Pesto 74
Mango-Ingwer-Pesto 212
Melissen-Hanf-Pesto 172
Mexikanisches Pesto 117
Paprika-Curry-Pesto 109
Pesto Arrabiata 170
Petersilie-Sojakern-Pesto 40
Pistazien-Dill-Pesto 179
Radieschengrün-Pesto 36
Rauchiges Karotten-Pesto 80
Rosen-Kardamomo-Pesto mit Basilikum 97
Rote-Bete-Hanf-Pesto 86
Rucola-Haselnuss-Pesto 64
Rucola-Rauchmandel-Pesto 29
Sanddorn-Mandel-Pesto 214
Scharfes Petersilien-Pesto 38
Scharfes Rosinen-Dill-Pesto 161
Schnittlauch-Macadamien Pesto mit Lavendel 57
Spargel-Pesto 76
Sprossen-Pesto 52
Suppengemüse Pesto 66
Süsses Schokoladen-Orangen-Pesto 209
Walnuss-Basilikum-Pesto 56
Würziges Bacon-Pesto 140
Zatar-Pesto 101
Zucchini-Pesto 73

ALS DIP

Balinesisches Kräuter-Pesto 112
Bärlauch-Pesto 44
Birnen-Salbei-Pesto 135
Brokkoli-Apfel-Pesto 77
Brunnenkresse Pesto 60
Cajun-Nuss-Pesto 121
Erbsen-Pesto 80
Feldsalat-Pesto 45
Fenchelgrün-Pesto 68
Französisches Frisch-Dill-Pesto 123
Frisches Tomaten-Pesto 81
Giersch-Pesto 37
Goji-Koriander-Pesto 148
Golden Pesto 92
Herbes Schokoladen-Pesto 178
Japanisches Moso-Pesto 116
Koriander-Kokos-Pesto 50
Kürbis-Kokos-Pesto 70
Mango-Ingwer-Pesto 212
Maronen-Schnittlauch-Pesto 164
Masala Pesto 100
Mexikanisches Pesto 117
Olive-Pesto 173
Paprika-Curry-Pesto 109
Pekan-Mango-Pesto 138
Pekannuss-Feigen-Pesto 155
Pilz-Pesto 89
Rosenkohl-Pistazien-Pesto 85
Rote-Bete-Hanf-Pesto 86
Scharfes Aprikosen-Pesto 131
Scharfes Sauerkirsch-Pesto 146
Schnittlauch-Macadamia-Pesto mit Lavendel 57
Suppengemüse-Pesto. 66
Süss-Scharfes Gewürz-Pesto 104
Wasabi-Macadamia-Pesto 106
Würziges Knoblauch-Pesto 175
Würziges Koriander-Erdness-Pesto 62
Würziges Petersilien-Pesto 26
Würziges Tomaten-Pesto 81
Zucchini-Pesto 73

ALS DRESSING

7-Kräuter-Pesto mit Vitalkernen 41
Brunnkresse Pesto 60
Cremiges Wildkräuter-Pesto 25
Golden Pesto 92
Japanisches Miso-Pesto 116
Pfirsich-Pesto 128
Pilz-Pesto 89
Sauerampfer-Pesto 42
Soja-Ananas-Pesto 126
Würziges Chili-Orangen-Pesto 151

ZU EI

7-Kräuter-Pesto mit Vitalkernen 44
Cremiges Spinat-Pesto 30
Cremiges Wildkräuter-Pesto 25
Erbsen-Pesto 80
Feldsalat-Pesto 45
Französisches Frisch-Dill-Pesto 123
Gartenkresse-Pesto 49
Karottengrün-Pesto 28
Spargel-Pesto 76

ZU EIS

Exotisches Frucht-Pesto 215
Früchtetee-Pesto 190
Mango-Ingwer-Pesto 212
Süsses Erdbeer-Sesam-Pesto 213
Süsses Matcha-Apfel-Pesto 200
Süsses Pinienkern-Kokos-Pesto 206

ZU FISCH

7-Kräuter-Pesto mit Vitalkernen 41
Apfel Rosmarin Pesto 130
Auberginen-Pesto 72
Balinesisches Kräuter-Pesto 112
Basilikum-Zitronenverbene-Pesto 58
Blüten-Pesto 24
Brennnessel-Pesto 32
Brokkoli-Apfel-Pesto 77
Brunnenkresse Pesto 60
Cremiges Spinat-Pesto 30
Cremiges Wildkräuter-Pesto 25
Curry-Koriander-Pesto 101
Dattel-Minz-Pesto 204
Fein-säuerliches Kerbel-Pesto 33
Feldsalat-Pesto 45
Fenchelgrün-Pesto 68
Französisches Fisch-Dill-Pesto 123
Gartenkresse-Pesto 49
Giersch-Pesto 37
Goji-Koriander 148
Grüntee-Schnittlauch-Pesto 166
Japanisches Bonito-Pesto 114
Japanisches Miso-Pesto 116
Kapuzinerkresse-Pesto 43
Koriander-Kokos-Pesto 50
Kürbis-Sesam-Pesto 84
Mexikanisches Pesto 117
Orangen-Minz-Pesto 157
Orientalisches Pesto 115
Paprika-Curry-Pesto 109
Pesto »Chimichurri Style« 185
Pesto Amalfi 142
Pesto Amatriciana 185
Pesto Arrabiata 170
Rauchiges Karotten-Pesto 80
Rosen-Kardamon-Pesto mit Basilikum 97
Scharfes Aprikosen-Pesto 131
Schnelle Pesto-Sauce für Fisch 44
Schnittlauch-Oliven-Pesto 48
Schnittlauch-Pesto mit Curry 34
Schwarztee-Ingwer-Pesto 167
Senf-Aprikosen-Pesto 96
Soja-Ananas-Pesto 126
Spargel-Pesto 76
Sprossen-Pesto 52
Thai-Pesto 122
Wasabi-Macadamia-Pesto 106
Würziges Birnen-Safran-Pesto 134
Würziges Chili-Orange-Pesto 151
Würziges Knoblauch-Pesto 175
Würziges Koriander-Erdnuss-Pesto 62
Zatar Pesto 103
Zitronen-Mohn-Pesto 197
Zitroniges Buchweizen-Dill-Pesto 169
Zucchini-Pesto 73

ZU FLEISCH

7-Kräuter-Pesto mit Vitalkernen 41
Aronia-Pfeffer-Pesto 136
Auberginen-Pesto 72
BBQ-Pesto 107
Brunnenkresse Pesto 60
Cajun-Nuss-Pesto 121
Feldsalat-Pesto 45
Frisches Tomaten-Pesto 81
Fruchtiges Five-Spice-Pesto 95
Frühlingszwiebeln-Apfel-Pesto 53
Gartenkresse-Pesto 49
Granatapfel-Pesto 143
Grünes Pfeffer-Pesto 94
Grünkohl-Pesto 78
Heidelbeer-Kakao-Pesto 156
Herbes Schokoladen-Pesto 178
Ingwer-Nuss-Pesto mit Schwarzkümmel 137
Kapuzinerkresse-Pesto 43
Koriander-Kokos-Pesto 50
Kräuter-Sardellen-Pesto 54
Maronen-Schnittlauch-Pesto 164
Masala-Pesto 100
Mexikanisches Pesto 117
Oliven-Pesto 171
Orientalisches Pesto 115
Pesto Amatriciana 185
Pesto Arrabiata 170
Pesto Chimichurri Style 185
Pesto mit schwarzen Nüssen 174
Petersilien-Sojakern-Pesto 40
Pilz-Pesto 89
Radischengrün-Pesto 36
Rote-Bete-Hanf-Pesto 86
Salbei-Schokoladen-Pesto 150
Sauerrahm-Pesto 42
Scharfes Petersilien-Pesto 38
Scharfes Sauerkirsch-Pesto 146
Scharfes Sesam-Feigen-Pesto 157
Schnittlauch-Pesto mit Curry 34
Senf-Aprikosen-Pesto 96
Soja-Ananas-Pesto 126
Süss-Scharfes Gewürz-Pesto 104
Trüffel-Pesto 184
Würziges Bacon-Pesto 140
Würziges Koriander-Erdnuss-Pesto 62
Würziges Orangen-Pesto 151
Würziges Tomaten-Pesto 81
Wüziges Petersilien-Pesto 26
Zata-Pesto 103

ZU GEMÜSE

7-Kräuter-Pesto mit Vitalkernen 41
Brot-Pesto 176
Brunnenkresse Pesto 60
Café-de-Paris-Pesto 108
Cremiges Wildkräuter-Pesto 25
Dukkah-Pesto 102
Feigen-Rosmarin-Pesto 214
Fruchtiges Five-Spice-Pesto 95
Grünes Pfeffer-Pesto 94
Heidelbeer-Kakao-Pesto 156
Japanisches Miso-Pesto 116
Kapuzinerkresse-Pesto 43
Kürbis-Kokos-Pesto 70
Kürbis-Sesam-Pesto 84
Mangold-Pesto 69
Mexikanisches Pesto 117
Olive-Pesto 173
Orientalisches Pesto 115
Pfirsich-Pesto 128
Pilz-Pesto 89
Radieschengrün-Pesto 36
Scharfes Aprikosen-Pesto 131
Scharfes Petersilien-Pesto 38
Soja-Ananas-Pesto 126
Süss-scharfes Petersilien-Pesto mit Ingwer 181
Wasabi-Macadamia-Pesto 106
Würziges Petersilien-Pesto 26
Zatar-Pesto 103

ZU GLASNUDELN
Goji-Koriander-Pesto 148
Golden Pesto 92
Grüntee-Schnittlauch-Pesto 166
Japanisches Bonito-Pesto 114
Japanisches Miso-Pesto 116
Soja-Ananas-Pesto 126
Thai-Pesto 122

ZU JOGHURT
Birnen-Lebkuchen-Pesto 141
Bratapfel-Pesto 192
Earl-Grey-Pflaumen-Pesto 144
Früchtetee-Pesto 190
Giersch-Pesto 37
Lebkuchen-Pesto 201
Orangen-Lavendel-Pesto 196
Schwarztee-Schokoladen-Pesto 191
Süss-scharfes Sesam-Kakao-Pesto 207

ZU KARTOFFELN
Cranberry-Kürbisken-Pesto mit Belper-Knolle 147
Feigen-Rosmarin-Pesto 214
Fenchelgrün-Pesto 68
Französisches Frisch-Dill-Pesto 123
Mais-Koriander-Pesto 74
Maronen-Schnittlauch-Pesto 164
Mexikanisches Pesto 117
Pekan-Mango-Pesto 138
Sauerampfer Pesto 42
Trüffel-Pesto 184
Würziges Knoblauch-Pesto 175

ZU KÄSE
Apfel-Kürbiskern-Pesto 152
Apfel-Rosmarin-Pesto 130
Arabisches Pesto 120
Auberginen-Pesto 72
Bärlauch-Pesto 44
Basilikum-Erdmandel-Pesto 184
Basilikum-Zitonenverbene-Pesto 58
Beeren-Pinienkern-Pesto 154
Birnen-Lebkuchen-Pesto 141
Birnen-Salbei-Pesto 135
Blüten-Pesto 24
Brennnessel-Pesto 32
Brot-Pesto 176
Café-de-Paris-Pesto 108
Cranberry Kürbiskern-Pesto mit Belper-Knolle 147
Dattel-Minz-Pesto 208
Dukkah-Pesto 102
Earl-Grey-Pflaumen-Pesto 144
Feigen-Rosmarin-Pesto 214
Französisches Fisch-Dill-Pesto 123
Frühlingszwiebel-Apfel-Pesto 53
Gehacktes Zucchiniblüten-Pesto 45
Goji-Koriander-Pesto 148
Granatapfel-Pesto 143
Heidelbeer-Kakao-Pesto 156
Herbes Schokoladen-Pesto 178
Herbes Schokoladen-Walnuss-Pesto mit Kaffee 204
Hibiskus-Pistazien-Pesto 210
Holunderbeere-Tonka-Pesto 129
Ingwer-Nuss-Pesto mit Schwarzkümmel 137
Kapuzinerkresse-Pesto 42
Koriander-Kirsch-Pesto 132
Kürbiskern-Zimt-Pesto 201
Macademia-Aprikosen-Pesto 160
Mais-Koriander-Pesto 74
Mango-Ingwer-Pesto 212
Massala-Pesto 100
Orangen-Lavendel-Pesto 196
Orangen-Minz-Pesto 157
Paprika-Curry-Pesto 109
Pekannuss-Feigen-Pesto 155
Pesto Arrabiata 170
Pesto mit schwarzen Nüssen 174
Petersilie-Sojakern-Pesto 40
Pistazien-Dill-Pesto 179
Radieschengrün-Pesto 36
Rosen-Kardamon-Pesto mit Basilikum 97
Rosenkohl-Pistazien-Pesto 85
Rote-Bete-Hanf-Pesto 86
Rucola-Haselnuss-Pesto 63
Rucola-Rauchmandel-Pesto 29
Scharfes Aprikosen-Pesto 131
Scharfes Petersilien-Pesto 38
Scharfes Rosinen-Dill-Pesto 161
Scharfes Sauerkirsch-Pesto 146
Scharfes Sesam-Feigen-Pesto 157
Schnittlauch-Macadamia-Pesto mit Lavendel 57
Schnittlauch-Pesto mit Curry 34
Schwarztee-Ingwer-Pest 167
Süss-Saures Ingwer-Pesto 194
Süss-scharfes Gewürz-Pesto 104
Süsses Matcha-Apfel-Pesto 200
Süsses Pinienkern-Kokos-Pesto 206
Traubenkern-Minz-Pesto 149
Trüffel-Pesto 184
Walnuss-Basilikum-Pesto 56
Würziges Bacon-Pesto 140
Würziges Birnen-Safran-Pesto 134
Würziges Chili-Orangen-Pesto 151
Würziges Gerstenmalz-Pesto 168
Zitronen-Mohn-Pesto 197
Zitroniges Buchweizen-Dill-Pesto 169
Zucchini-Pesto 73

ZU MILCHREIS
Früchtetee 190
Orangen-Lavendel-Pesto 196
Rosenblüten-Pistazien-Pesto 197
Süsses Matcha-Apfel-Pesto 200
Traubenkern-Minz-Peso 149

ZU OBST
Beeren-Pinienkern-Pesto 154
Hibiskus-Pistazien-Pesto 210
Schwarztee-Ingwer-Pesto 167
Senf-Aprikosen-Pesto 96

ZU REIS
Bärlauch-Pesto 44
Birnen-Lebkuchen-Pesto 141
Holunderbeere-Tonka-Pesto 129
Japanisches Bonito-Pesto 114
Koriander-Kokos-Pesto 50
Mangold-Pesto 69
Pekan-Mango-Pesto 138
Soja-Ananas-Pesto 126
Spargel-Pesto 76
Suppengemüse-Pesto 66

ZU TOFU

Fruchtiges Fice-Spice-Pesto 95
Giersch-Pesto 37
Goji-Koriander-Pesto 148
Golden-Pesto 92
Grüntee-Schnittlauch-Pesto 166
Koriander-Kokos-Pesto 50
Kürbis-Kokos-Pesto 70
Kürbis-Sesam-Pesto 84
Masala-Pesto 100
Pekan-Mango-Pesto 138
Rosen-Kardamom-Pesto mit Basilikum 97
Sauerampfer-Pesto 42
Senf-Aprikosen-Pesto 96
Thai-Pesto 122
Würziges Koriander-Erdnuss-Pesto 62

ÜBER DIE AUTORIN

Susann Kreihe entwickelt seit vielen Jahren mit Leidenschaft kreative und passgenaue Rezepte. Ihre Kreationen erscheinen regelmäßig in Kochbüchern und Zeitschriften verschiedener Verlage. Neben der Arbeit als Rezeptautorin ist die gelernte Köchin und Betriebswirtin für Hotellerie und Gastronomie auch als Ghostwriterin für bekannte Spitzenköche tätig. Auf www.gerichte-werkstatt.de schreibt sie über die schönen Seiten des Lebens – Kochen und Genießen.

DANK

DANKE …

… liebe Steffi, dass du dieses wunderschöne Buch mit mir auf den Weg gebracht hast und nicht aufgegeben hast, mich mit viel positivem Zuspruch für das Foodstyling und die Fotografie zu ermutigen. Vielen Dank dafür!

… liebe Sonya, für jedes unserer wunderbaren Buchprojekte, die in den letzten Jahren entstanden sind. Du hast ein hervorragendes Gespür für Buchideen, die zu uns passen. Merci!

… lieber Lars! Mit dir an meiner Seite gelingen so viele schöne Dinge. Du bist kritisch, aufmunternd, tatkräftig und hast für dieses Buch bis in die Nacht hinein mit mir Pestos zubereitet, probiert und verfeinert. Das hätte ich mit keinem anderen lieber getan.

IMPRESSUM

Produktmanagement: Stefanie Gückstock
Redaktion: Christiane Gsänger
Schlusskorrektur: Constanze Lüdicke
Layout: Elke Mader
Umschlaggestaltung: Regina Degenkolbe unter Verwendung einer Illustration von desbayy – adobe.stock.com
Repro: LUDWIG:media
Herstellung: Bettina Schippel

Printed in Slovenia by DZS Grafik

Text, Rezepte, Foodfotografie und -styling: Susann Kreihe

★★★★★

Sind Sie mit diesem Titel zufrieden? Dann würden wir uns über Ihre Weiterempfehlung freuen. Erzählen Sie es im Freundeskreis, berichten Sie Ihrem Buchhändler oder bewerten Sie bei Onlinekauf. Und wenn Sie Kritik, Korrekturen, Aktualisierungen haben, freuen wir uns über Ihre Nachricht an Christian Verlag, Postfach 40 02 09, D-80702 München oder per E-Mail an lektorat@verlagshaus.de

Unser komplettes Programm finden Sie unter

www.christian-verlag.de

Alle Angaben dieses Werkes wurden von der Autorin sorgfältig recherchiert und auf den neuesten Stand gebracht sowie vom Verlag geprüft. Für die Richtigkeit der Angaben kann jedoch keine Haftung übernommen werden, weshalb die Nutzung auf eigene Gefahr erfolgt. Sollte dieses Werk Links auf Webseiten Dritter enthalten, so machen wir uns die Inhalte nicht zu eigen und übernehmen für die Inhalte keine Haftung.

Bildnachweis: Alle Bilder des Innenteils und auf dem Umschlag stammen von Susann Kreihe mit Ausnahme von
Seite 4: Shutterstock/Losangela; Seite 8: Shutterstock/Nynke van Holte; Seite 13 (links): Shutterstock/Lyudmila Mikhailovskaya; Seite 13 (rechts): Shutterstock/MaraZe; Seite 14 (links oben): Shutterstock/Anna Puzatykh; Seite 14 (rechts oben): Shutterstock/Mariia Lukonina; Seite 14 (links unten): Shutterstock/Daria Arnautova; Seite 14 (rechts unten): Shutterstock/Shablon; Seite 16: Shutterstock/Galih Sundoro; Seite 17: Shutterstock/Carmen Gutknecht; Seite 221: Shuterstock/Seva_blsv; Seite 222: Melissa Engel.

Die Deutsche Nationalbibliothek verzeichnet diese Publikation in der Deutschen Nationalbibliografie; detaillierte bibliografische Daten sind im Internet über http://dnb.d-nb.de abrufbar.

Infanteriestraße 11a
80797 München

ISBN 978-3-95961-671-3

Ebenfalls erhältlich ...

ISBN 978-3-95961-522-8

ISBN 978-3-95961-536-5

ISBN 978-3-95961-667-6

ISBN 978-3-95961-411-5